新时代智库出版的领跑者

中社智库 国家智库报告 2022(19) National Think Tank
社会·政法

未成年人网络保护发展报告（2021）

林维 主编　刘晓春 副主编

REPORT ON DEVELOPMENT OF INTERNET PROTECTION FOR MINORS (2021)

中国社会科学出版社

图书在版编目(CIP)数据

未成年人网络保护发展报告.2021/林维主编.—北京：中国社会科学出版社，2022.8

（国家智库报告）

ISBN 978-7-5227-0647-4

Ⅰ.①未… Ⅱ.①林… Ⅲ.①互联网络—应用—青少年保护—研究报告—中国—2021 Ⅳ.①D922.74

中国版本图书馆 CIP 数据核字（2022）第 134816 号

出 版 人	赵剑英
项目统筹	王 茵 喻 苗
责任编辑	喻 苗
责任校对	闫 萃
责任印制	李寡寡

出　　版	中国社会科学出版社
社　　址	北京鼓楼西大街甲 158 号
邮　　编	100720
网　　址	http://www.csspw.cn
发 行 部	010-84083685
门 市 部	010-84029450
经　　销	新华书店及其他书店
印刷装订	北京君升印刷有限公司
版　　次	2022 年 8 月第 1 版
印　　次	2022 年 8 月第 1 次印刷
开　　本	787×1092　1/16
印　　张	11.5
插　　页	2
字　　数	115 千字
定　　价	68.00 元

凡购买中国社会科学出版社图书，如有质量问题请与本社营销中心联系调换
电话：010-84083683
版权所有　侵权必究

前　言
建设一个未成年人友好型的网络空间

林维[*]

习近平总书记指出：网络空间是亿万民众共同的精神家园，网络空间天朗气清、生态良好，符合人民利益。网络空间乌烟瘴气、生态恶化，不符合人民利益。而未成年人的网络生态建设又是这一精神家园建设中的重要任务之一。

十余年来，未成年网民的规模呈现不断增长的趋势。2009年1月中国互联网络信息中心（CNNIC）发布的《2008—2009中国青少年上网行为调查报告》指出，截至2008年12月，中国青少年网民数达到1.67亿人，占总体网民人数的55.9%。其中6—11岁占比4.7%，12—18岁占比50.9%，未成年网民规模达0.93亿。5年之后，根据2014年6月中国互联网络信息中心发布的《2013年中国青少年上网行为调查报告》，截至2013年12月，中国青少年网民规模达2.56亿人，占总体网民人数的71.8%，超过全国互联网普及率45.8%的平均水平26个百分点。其中6—11岁网

---

[*] 林维，中国社会科学院大学副校长、教授。

民占比11.6%，12—18岁网民占比42.9%，未成年网民规模达1.40亿人。又过去5年，2019年4月共青团中央维护青少年权益部、中国互联网络信息中心发布的《2018年全国未成年人互联网使用情况研究报告》显示，截至2018年，中国未成年网民规模为1.69亿人，未成年人的互联网普及率达到93.7%，明显高于同期全国人口的互联网普及率（57.7%）。最新数据表明，据中国互联网络信息中心第48次《中国互联网络发展状况统计报告》显示，截至2021年6月，中国网民规模为10.11亿人，6—19岁网民占15.7%，共1.58亿人。同时根据第十次中国未成年人互联网运用调查显示，中国未成年人互联网普及率为99.2%，显著高于71.6%的全国平均普及率。

这些数据说明，10岁以前未成年人触网比例不断提高，未成年人网络低龄化现象更加突出，未成年人网络普及程度接近饱和。未成年人已经成为网民的重要组成部分。网络为未成年人带来了崭新的生活方式，也引发了未成年人网络保护的挑战与问题，未成年人的网络生活、交往成为其生活交往中无法摆脱、无法分割的一部分，所谓线上线下的二元化生活加快了一元融合的节奏。未成年人的网络参与行为成为社会网络行为的重要构建内容，其在网络生态建设中的主体地位就应当得到承认和确立。网络强国的未来主体必定是一代又一代成长中的未成年人。无论是网络新技术的发展，还是网络新生活的构建，乃至网络新文化的传承，都依赖一代又一代已经成为"网络原住民"

的未成年人的发展与成长。因此，网络生态建设的任务之一就是要建设一个未成年人友好型的网络空间。

未成年人友好型的网络空间首先意味着，对于所有未成年人而言，网络应当更快速地成为一种普遍、平等的公共物品。尽管网络在未成年人中得到了极大程度的普及，但是仍然有一定地区、一定数量的未成年人在网络的接入、使用以及网络新知识、新技能的获得、网络素养的教育上，存在条件和机会上的匮乏，因此应当加强数字领域的脱贫，实现网络生活和发展的共同富裕，尽快弥合未成年人之间的数字鸿沟。

未成年人友好型的网络空间同时也意味着，必须加强网络空间对未成年人的权益保护工作。联合国《儿童权利公约》规定了儿童的生存权、发展权、受保护权、参与权等一系列基本权利，中国于1991年加入该公约，并已经在国内法领域建立起保障儿童基本权利的比较完整的法律体系。中国《未成年人保护法》第3条同样规定：未成年人享有生存权、发展权、受保护权、参与权等权利。进入网络时代，未成年人对网络的接触和使用渗透到生活和学习的方方面面，对儿童和未成年人基本权利的保障自然有必要延伸到网络空间，建立起相应的新型权利体系和保障机制。

目前，无论是国内还是国外，未成年人在网络使用中受到的不良侵害和权利保障，都是受到广泛关注的问题。具体而言，受到重视的具体领域包括：网络不良信息侵害、沉迷现象、网络欺凌、个人信息侵害、网络相关的犯罪活动等，这些领域暴露出来的问题都需要建立相应的保护体系，以将未成年人权利的保护在网络空间落到实处。新修订生效的《未成年人保护法》（以下简称《未保法》）有诸多亮点，其中之一就是对未成年人的网络保护做了专章规定。该章共计17个条文，对未成年人网络保护中的重点问题，例如网络素养的培养提高、政府部门对未成年人网络保护的职责、网络沉迷的预防、智能终端产品的限制及管理、未成年人个人信息保护、未成年人网络游戏电子身份统一认证、未成年人网络欺凌问题等，均作了明确规定。尤其是其中若干条文均涉及未成年人模式的应用，相关规定成为一个规范群，有助于这一模式的推广，从而能够对未成年人网络保护起到巨大促进作用。

未成年人友好型的网络空间建设意味着我们必须强化未成年人保护模式的应用工作。过去这一模式被称为"青少年保护模式"，考虑到这一模式的适用对象实际仅仅局限于未成年人，因此为更加准确地界定其保护对象并彰显其法律意义，这一模式被称为"未成年人模式"更为合适。未成年人模式的设立体现这样一种理念，通过人工的网络管理存在种种局限和不足，因此应当通过技术的手段解决技术带来的问题，以科学合理的方式规范管理未成年人的网络使用行为。这不仅仅体现为在未成年人使用的智能终端产品上安装未成年人网络保护软件，也包括选择适合未成年人的服务模式和管理功能等，目的是避免未成年人接触危害或者可能影响其身心健康的网络信息，合理安排使用网络的时间，防止沉迷网络。因此，尽管《未保法》

并未明确使用"未成年人保护模式"或者"青少年保护模式"的概念,但第71条规定的"适合未成年人的服务模式和管理功能"即指称这一模式。

由于未成年人模式的适用尚处于探索阶段,《未保法》的相关规定比较笼统和分散,因此未来法律的实施应当注意以下几个问题,以充分发挥该模式的功能和强化其实施效果。

第一,应当扩张理解未成年人模式的设置目的。过去一般认为这一模式主要是为了防止未成年人沉迷网络,实际上早在2007年文化部、国家工商行政管理总局、公安部就发布了《关于进一步加强网吧及网络游戏管理工作的通知》,要求相关部门推动网络游戏防沉迷系统的开发应用,采取技术手段解决这一问题。当前,网络沉迷问题仍然没有得到有效治理,网络沉迷防治仍然是未成年人模式的重点功能之一,为此《未保法》第68条规定了政府各部门预防未成年人沉迷网络的职责,第70条规定了学校发现未成年人沉迷网络后的及时告知义务和共同教育引导义务,第71条规定了监护人应当通过选择适合未成年人的服务模式和管理功能等方式。不过,根据2016年《中国青少年网络使用与保护调研报告》,中国青少年网民在使用互联网过程中遇到色情图文、音视频等弹出的比例高达71.1%,网聊中接收到色情图文、音视频等比例达43.1%,接收到网络色情游戏、动漫的比例高达31.2%。因此,《未保法》第71条还要求避免未成年人接触危害或者可能影响其身心健康的网络信息,第

74条也规定网络服务提供者应当设置时间管理、权限管理、消费管理等功能。可见未成年人模式的功能得到了极大的扩展，《未保法》要求相关主体在不同领域都提供未成年人模式。根据这一立法精神，未来在未成年人网络使用的其他领域也应采用这一模式，以确保对未成年人的全面保护。

第二，应当认识到未成年人模式的提供是一项强制性法律义务，而不再仅仅是行政规章规定的义务。有关网络游戏的时间限制、消费限制等，过去由《关于防止未成年人沉迷网络游戏的通知》等文件加以规定，规范层级较低，由此导致法律强制性较差、处罚力度较弱。《未保法》的修订实施提升了这一义务的层级，由此提升了法律的强制性和处罚力度，这对于这一模式的推行具有重要意义。

第三，未成年人模式的提供应成为一项普遍义务。过去这一模式的提供和适用常常被认为是作为互联网服务和产品提供者的企业的义务，实际上它也是家庭、学校等所有未成年人保护相关主体的义务或职责。只有各方主体在各方面承担义务和履行职责，才能使这一模式的提供、适用在每个环节都得到落实。倘若政府缺乏监管而完全依赖企业自觉，或者尽管企业提供了这一模式但家庭不予配合，这一模式都将无法实现其目的。因此，《未保法》第68条规定新闻出版、教育、卫生健康、文化和旅游、网信等部门应当监督网络产品和服务提供者履行预防未成年人沉迷网络的义务；第69条规定智能终端产品的制造者、销售者应当在产品上安装未成年人网络保护软件，或者以显著方式告知用户未成年人网络保护软件的安装渠道和方法；第71条规定监护人应当在智能终端产品上安装未成年人网络保护软件、选择适合未成年人的服务模式和管理功能等。可见，只有通过各方主体的齐抓共管，未成年人模式的应用才能真正实现其目的和功能。

义务的普遍性同时意味着，如果互联网产品和服务存在为未成年人普遍使用、过度使用或者接触不良信息等的可能，其提供者就应当承担提供这一模式的义务，否则就意味着未能履行义务。

第四，未成年人模式的使用必须简单便捷、容易操作。当前，有的互联网产品和服务提供者仍未设置未成年人模式，有的尽管设置了该模式但是界面不友好，不易查找或操作困难，阻碍了其功能的发挥。因此，应当规定互联网产品和服务提供者提供的未成年人模式必须符合简单便捷、容易操作的要求。另外，还需要特别注意的是，在设定该模式之后，在技术上不能由未成年人加以轻易改变，否则这一模式的目的就无从实现。

第五，应当更为积极地理解未成年人模式的建设工作。从网络沉迷防止、不良信息隔离等这些功能上看，似乎很容易将未成年人模式的设置目的理解为消极的隔离和预防。这种理解是极为片面的。2019年国家互联网信息办公室发布的《网络信息内容生态治理规定》以网络信息内容生态为主要治理对象，重点之一就是鼓励网络信息内容服务平台开发适合未成年人使用的模式，提供适合未成年人使用的网络产品和服务，便利未成年人获取有益身心健康的信息。修订后的《未保法》第65条也规定，国家鼓励和支持有利于未成年人健康成长的网络内容创作与传播，鼓励和支持专门以未成年人为服务对象、适合未成年人身心健康特点的网络技术、产品、服务的研发、生产和使用。因此，未成年人模式不是简单采取信息隔离、沉迷防止的方式，其根本和最终的目的是用专门以未成年人为服务对象，符合未成年人身心特点的优良网络技术、产品和服务以及优质的信息内容吸引未成年人。当前在很多网站的未成年人模式下内容贫乏、形式单一、服务滞后，甚至有的过度低幼化，导致对未成年人缺乏吸引力，未成年人缺乏使用该模式的积极性和自觉性。因此，在政府鼓励和支持健康内容生产的同时，互联网产品和服务提供者应当明确，这一义务不仅仅是单纯要求设立一种选择性的使用模式或者进入路径，更重要的是在该模式下进行优质内容的建设，使未成年人在该模式下能够享受优质的网络服务。

第六，应当注意运用法律责任条款处罚违法的网络产品和服务提供者。《未保法》第127条对信息处理者、网络产品和服务提供者违反网络保护专章各项义务的行为规定了不同的处罚，从责令改正、给予警告、没收违法所得，直至暂停相关业务、停业整顿、关闭网站、吊销营业执照或者吊销相关许可证，其责任后果和处罚手段较为全面，可以针对不同程度的违法行为做出轻重有别的处理。这些有关法律责任的规定涵盖违反未成年人模式提供义务的情形，相关主管部门应当就未成年人模式的提供与适用进行长期跟踪、监督，发现有关主体未能履行义务时运用各项处罚措施追究其法律责任，以保障这一义务得到切实履行，实现这一模式的设置目的。在最近有关未成年人保护模式的公益诉讼中，笔者作为组长带领专家评估小组对相关公司的整改工作进行了评估。在此也特别呼吁，以这些未成年人保护公益诉讼为契机，互联网服务提供商尤其前列的互联网巨头应当特别明确自己的未保义务，重视未成年人网络工作，担负其更大的社会责任和道德责任，不能让未成年人保护成为中国互联网企业发展过程的软肋和道德缺陷。

当然，未成年人的网络保护不能迷信未成年人模式的效用，最重要的是应当按照《未保法》第64条的规定，国家、社会、学校和家庭加强未成年人网络素养宣传教育，培养和提高未成年人的网络素养，增强未成年人科学、文明、安全、合理使用网络的意识和能力。

中国社会科学院大学互联网法治研究中心长期致力于互联网法治的研究，其中一个很核心的研究领域就是未成年人网络保护，我们在这一领域也取得了较为丰硕的成果，具备了一定的学术影响和社会影响。中心团队不仅仅积极深度参与未成年人保护立法，而且积极探索、参与未成年人网络保护司法实践，广泛参与有关"两高"司法解释的起草工作，踊跃为未成年人网络保护建言献策，尤其多次在相应检察机关的邀请下，参与有关未成年人网络公益诉讼的内部讨论，并作为专家组参与公益诉讼的评估工作。中心多次组织了有关未成年人网络保护的研讨会，和监管部门、业界共同探讨这一重要议题。同时，我们也承担了包括教育部创新团队支持计划、团中央青少年研究重点课题在内的多项未成年人保护的研究项目，本报告的形成也得益于团队对这些项目所开展的研究。本报告即集中讨论了中国未成年人网络保护的现状与展望，并重点分析了有关未成年人个人信息保护、未成年人网络音视频监管、未成年人网络直播监管体制、未成年人网络支付能力及风险防范、未成年人网络欺凌等问题，希望我们的研究能够对建设一个未成年人友好型的网络社会有所助益。

当然，网络的快速发展也使得包括未成年人保护在内的诸多领域其新问题、新挑战层出不穷，规范的制定和司法政策的演变也同步加速，这就要求我们能够始终关注未保前沿，直面问题，提出更具针对性、可操作性的政策建议，我们也愿意将这样一个富有意义的事业继续进行下去。

在有关课题研究以及本报告调研写作过程中，我们得到了最高人民检察院、最高人民法院、中央网信办、共青团中央等单位的有关领导和同志以及相关互联网公司的大力支持，在此一并表示感谢。尽管做了大量努力，但是本报告中仍然可能存在诸多问题，也请各位同人提出宝贵意见，我们也将在后续工作中不断深入研究，为建设一个未成年人友好型的网络空间做出我们应有的贡献。

2021 年 10 月于北京四季青

摘要： 随着互联网产业在我国的迅猛发展，未成年人的现实生活空间日益与互联网络虚拟空间深度融合，未成年人的发展权、受保护权、参与权等基本权利，在网络时代呈现新特点、面临新挑战。本书立足于我国未成年人网络权益保护的制度发展实践和行业前沿动态，梳理了我国未成年人网络保护的发展现状与制度建设图景，并从个人信息保护、网络社交内容治理、网络音视频监管、网络直播监管、网络支付行为能力及风险、网络欺凌问题等角度分别就具体领域的现存问题、实际需求、治理实践、制度建设等进行了分析和探讨。基于国内外未成年人网络保护的实践经验和学术研究成果，在宏观层面厘清了发展方向和原则，在微观层面提出了一系列具体对策建议。我国未成年人网络权益的保护仍有很长的道路要走，应当构建未成年人数字权利与各方责任义务体系，落实未成年人保护模式应用及其实效，并建立科学的分类监管机制，完善场景化区分的原则与理论，推行专业评估机制和体系化保护，通过为各方主体赋能实现多元共治。

关键词： 未成年人网络保护　网络治理　个人信息保护　网络社交

Abstract: With the rapid development of the internet industry in China, the minors' real-life space is increasingly deeply integrated with the internet virtual space. The minors' fundamental rights, including the right to development, the right to be protected and the right to participate, present new characteristics and face new challenges in the network era. Based on the institutional development practice and industry frontier trends of the protection of minors' rights and interests on the Internet in China, this book sorts out the development status and system construction picture of minors' online protection. From the perspectives of personal information protection, online social content governance, online audio and video supervision, online live broadcast supervision, online payment behavior capabilities and risks, cyberbullying issues, etc., the existing problems, actual needs, governance practices and system construction in specific fields are analyzed and discussed. Based on the practical experience and academic research results of online protection of minors at home and abroad, the development direction and principles were clarified at the macro level, and a series of specific countermeasures and suggestions were put forward at the micro level. There is still a long way to go to protect the rights and interests of minors on the Internet in China. A system of minors' digital rights should be built to set the responsibilities and obligations of all parties, to ensure the application and effectiveness of the minors protection model, to establish a scientific classification supervision mechanism, to improve the principles and theories of scenario-based differentiation, to implement professional evaluation mechanisms and systematic protection, and to achieve pluralistic co-governance by empowering all parties.

Key words: Internet protection for Minors; Internet governance; Personal information protection; Social networking

目 录

一 中国未成年人网络保护发展现状与展望 ……（1）
 （一）未成年人网络使用状况 …………………（2）
  1. 规模与结构……………………………（2）
  2. 上网设备………………………………（3）
  3. 上网时长………………………………（4）
  4. 上网行为………………………………（5）
  5. 存在风险和法律意识 …………………（7）
 （二）未成年人网络权利保障的领域和
   现状 ………………………………………（8）
  1. 网络不良信息侵害……………………（9）
  2. 沉迷现象 ……………………………（11）
  3. 网络欺凌 ……………………………（13）
  4. 个人信息侵害 ………………………（15）
  5. 网络犯罪 ……………………………（17）
 （三）未成年人网络保护的机制和进展 ……（19）
  1. 法律法规 ……………………………（19）
  2. 行政监管 ……………………………（22）
  3. 司法实践 ……………………………（35）

4. 企业自律和社会共治 …………………… (40)
（四）未成年人网络保护的完善与展望 …… (42)

二 儿童网络个人信息保护研究 ……………… (45)
（一）儿童网络个人信息保护的国外立法和
相关案例 ………………………………… (46)
1. 美国 ………………………………… (46)
2. 欧洲 ………………………………… (52)
3. 澳大利亚 …………………………… (54)
（二）国内儿童个人信息保护相关立法与
行业现状 ………………………………… (55)
1. 立法历程 …………………………… (55)
2. 中国儿童个人信息网络保护方面的
行业现状 …………………………… (59)
（三）理论分析：儿童网络个人信息保护的
定位与原则 ……………………………… (61)
1. 儿童网络个人信息保护的定位 …… (62)
2. 儿童网络个人信息保护的原则 …… (63)

三 未成年人网络社交内容治理研究 …………… (67)
（一）未成年人网络社交的特点 ……………… (67)
（二）网络社交领域的风险 …………………… (69)
1. 发展风险 …………………………… (69)
2. 未成年人网络受害风险 …………… (70)
3. 未成年人网络致害风险 …………… (71)
（三）中国网络社交内容治理的现状 ………… (72)

1. 现有法律法规体系 …………………（72）
2. 现有监管体制 ………………………（73）
3. 网络社交领域监管不足 ……………（75）

（四）网络社交内容治理的对策建议 ………（77）
1. 针对未成年人发展风险 ……………（77）
2. 针对未成年人网络受害风险 ………（79）
3. 针对未成年人网络致害风险 ………（80）

四 未成年人网络音视频监管研究 ……………（82）

（一）网络音视频监管基础及模式 …………（84）
1. 监管基础：以法律为边界 …………（85）
2. 监管模式：以政府为主体 …………（86）
3. 管制辅助：以行业为载体 …………（88）

（二）从比例原则看监管体系 ………………（91）
1. 适当性原则 …………………………（92）
2. 必要性原则 …………………………（92）
3. 均衡性原则 …………………………（94）

（三）以比例原则完善网络音视频监管
制度 …………………………………（96）

（四）结语 ……………………………………（101）

五 未成年人网络直播监管体制研究 …………（103）

（一）问题的提出 ……………………………（104）
1. 未成年人的特殊性 …………………（104）
2. 未成年人在网络直播环境中面临的
权利隐患 ……………………………（105）

(二) 中国未成年人网络直播监管现状及存
　　在问题 ………………………………… (107)
　　1. 中国未成年人网络直播监管
　　　　现状 ……………………………… (107)
　　2. 中国未成年人网络直播监管
　　　　存在的问题 ……………………… (109)
(三) 中国未成年人网络直播监管体制之完善
　　建议 …………………………………… (111)

六　未成年人网络支付行为能力及风险防范 … (116)

(一) 网络支付的特征 ……………………… (116)
　　1. 网络支付手段的特殊性——便捷
　　　　多样化的数字支付手段 ………… (117)
　　2. 网络支付的法律要求——以身份认证
　　　　落实支付账户实名制 …………… (118)
(二) 未成年人网络支付行为能力及行为
　　法律效力 ……………………………… (122)
　　1. 无民事行为能力的未成年人的网络
　　　　支付行为无效 …………………… (122)
　　2. 限制民事行为能力的未成年人，
　　　　可以实施部分网络支付行为 …… (123)
　　3. 具备完全民事行为能力的未成年人，
　　　　可以独立实施民事法律行为 …… (124)
(三) 未成年人网络支付行为的风险 ……… (125)
　　1. 沉迷网络综艺、游戏消费，影响
　　　　未成年人身心健康 ……………… (125)

2. 未成年人身份不易确认，大额支付
难以追回 …………………………………（126）
（四）未成年人网络支付风险的防范 ………（127）

七 未成年人网络欺凌问题治理研究 …………（133）
（一）未成年人网络欺凌的严峻性 …………（133）
  1. 未成年人网络欺凌的普遍性 ……（134）
  2. 未成年人网络欺凌的极端性 ……（136）
（二）未成年人网络欺凌的治理现状 ………（137）
  1. 中国未成年人网络欺凌的治理
  现状 …………………………………（137）
  2. 域外未成年人欺凌的治理
  经验 …………………………………（140）
（三）中国未成年人网络欺凌的治理
对策 ……………………………………（143）
  1. 立足调查研究，因地制宜
  确定方案 …………………………（144）
  2. 强化宣传教育，防患于未然 ……（144）
  3. 监督网络社交平台等网络服务提供者
  履行经营者的注意义务 …………（145）
  4. 建立全面、长效的基础治理
  系统 …………………………………（146）

参考文献 ……………………………………（149）

一 中国未成年人网络保护发展现状与展望[*]

随着互联网产业在中国的迅猛发展,特别是以手机为代表的移动上网设备快速普及,互联网已经成为当前未成年人重要的学习工具、沟通桥梁和娱乐平台,对其学习和生活的影响不断增强。中国的未成年人经常被称为是网络的"原住民",未成年人使用网络的过程,是他们接触世界、获取信息、培养素养、学习成长的过程,与此同时,网络的使用也可能为他们带来风险和侵害。未成年人的权利在网络空间下的保障,成为刻不容缓的需求,亦面临众多全新的挑战。中国对未成年人网络使用中涉及的各项权利的保护,正在从立法、行政、司法等方面构建全面系统的机制,而社会组织、研究机构以及平台企业在未成年人网络保护方面的努力也正在逐渐形成合力,未成年人网络保护正向着多方参与、多元共治的体系构建目标大步迈进。

---

[*] 执笔人:林维,中国社会科学院大学副校长、教授。刘晓春,中国社会科学院大学互联网法治研究中心执行主任。

（一）未成年人网络使用状况

1. 规模与结构

总体来看，未成年网民规模逐年不断扩大，城乡未成年人的上网比例差异相对较小，未成年人的互联网普及率明显高于全国互联网普及率。

截至2020年，中国未成年网民规模为1.83亿人，未成年人的互联网普及率达到94.9%，明显高于同期全国人口的互联网普及率（70.4%）。① 如图1-1所示，此前的数据呈现逐年提升的趋势，例如，截至2008年12月，中国青少年网民数达到1.67亿人，占总体网民人数的55.9%。6—11岁占比4.7%，12—18岁占比50.9%，19—24岁占比44.4%。未成年网民规模达0.93亿人。② 截至2013年12月，中国青少年网民规模达2.56亿人，占总体网民人数的71.8%，超过全国互联网普及率45.8%的平均水平26个百分点。其中6—11岁网民占比11.6%，12—18岁网民占比42.9%，19—24岁网民占比45.5%。未成年网民规模达1.40亿人。③

---

① 共青团中央维护青少年权益部、中国互联网络信息中心（CNNIC）：《2020年全国未成年人互联网使用情况研究报告》，第3页，发表时间：2021年7月20日，http://www.cnnic.net.cn/hlwfzyj/hlwxzbg/qsnbg/202107/P020210720571098696248.pdf。

② 中国互联网络信息中心（CNNIC）：《2008—2009中国互联网研究报告系列之"中国青少年上网行为调查报告"》，第8页，发表时间：2009年1月16日，http://www.cnnic.net.cn/hlwfzyj/hlwxzbg/qsnbg/201206/t20120612_27431.htm。

③ 中国互联网络信息中心（CNNIC）：《2013年中国青少年上网行为调查报告》，第9页，发表时间：2014年6月11日，http://www.cnnic.net.cn/hlwfzyj/hlwxzbg/qsnbg/201406/t20140611_47215.htm。

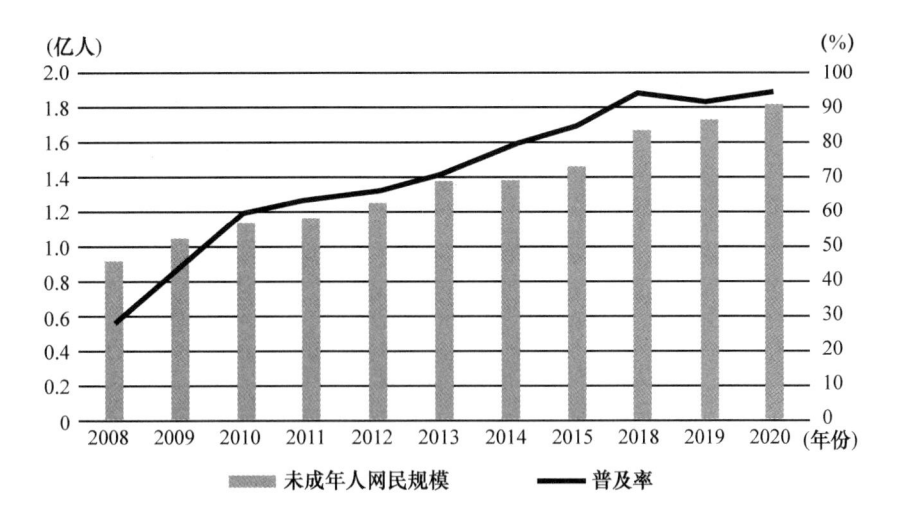

图1-1 中国历年未成年网民规模及普及率

资料来源：作者根据历年全国未成年人互联网使用情况研究报告自行整理。

调查亦显示，2020年城镇未成年人的上网比例达到95.0%，而农村未成年人的上网比例也达到94.7%。[1] 两者差距进一步弥合。不过，在网络成为基础设施的背景下，城乡网络环境的均质化以及包括未成年人在内的所有城乡成员网络使用的平等性，仍然属于我们必须关注的整个社会平等问题的一个侧面，社会应当努力缩小城乡网络使用环境的差距。

2. 上网设备

总体来看，未成年人上网设备以手机为主，城乡

---

[1] 共青团中央维护青少年权益部、中国互联网络信息中心（CNNIC）：《2020年全国未成年人互联网使用情况研究报告》，第3页，发表时间：2021年7月20日，http://www.cnnic.net.cn/hlwfzyj/hlwxzbg/qsnbg/202107/P020210720571098696248.pdf。

未成年网民在上网设备的多样性上存在一定差距。截至2020年，82.9%的未成年网民拥有属于自己的上网设备，其中拥有手机的群体占比最高。调查显示，未成年网民中拥有属于自己的手机作为上网设备的比例达到65.0%；其次为平板电脑，占比为26.0%；智能手表（含电话手表）的比例达到25.3%。[①]

在城乡未成年网民拥有上网设备方面，调查显示，城乡对比发现，城镇未成年网民使用的上网设备更加多样，农村未成年网民则主要通过手机上网。调查显示，城镇未成年网民使用手机上网的达到92.0%，农村达到92.7%，高于城镇未成年网民。农村未成年网民使用台式电脑、笔记本电脑和平板电脑的比例较城镇未成年人存在较大差异，差距分别达到9.0、14.5和11.0个百分点。

3. 上网时长

未成年人日均上网时长集中在2小时内，且受家长限制。调查显示，未成年网民工作日日均上网时长在2小时以上的为11.5%，节假日日均上网时长在5小时以上的为12.2%。这部分未成年网民可能受到过度使用互联网带来的不良影响。超过九成家长会对未成年网民的上网时长进行限制。调查显示，未成年网民中经常被家长限制上网时长的比例达到

[①] 共青团中央维护青少年权益部、中国互联网络信息中心（CNNIC）：《2020年全国未成年人互联网使用情况研究报告》，第6—7页，发表时间：2021年7月20日，http://www.cnnic.net.cn/hlwfzyj/hlwxzbg/qsnbg/202107/P020210720571098696248.pdf。

44.8%，有时会被家长限制上网时长的比例也达到46.5%，仅有8.7%的未成年网民的上网时长不会受到限制。①

4. 上网行为

互联网成为未成年人重要的学习、娱乐和社交工具。尤其自2020年年初新冠肺炎疫情发生以来，互联网成为未成年人获取疫情动态、坚持学习、与朋友保持沟通的重要保障。在未成年网民中，57.3%认为疫情期间互联网对自己的生活产生的积极影响更多；86.0%经常上网关注疫情消息或学习防疫知识；44.1%表示疫情期间与朋友的网上交流增多了。调查显示，未成年网民中利用互联网进行学习的比例高达89.9%。将上网听音乐和玩游戏作为主要休闲娱乐类活动的占比分别为64.8%和62.5%。将上网聊天作为主要的网上沟通社交活动的占比为55.1%。短视频作为蓬勃发展的休闲娱乐类应用，比例达到49.3%，较2019年（46.2%）进一步提升。粉丝应援活动达到8.0%，较2019年（7.3%）略有提升。②

不同年龄段的未成年人上网从事各类活动的情况

---

① 共青团中央维护青少年权益部、中国互联网络信息中心（CNNIC）：《2020年全国未成年人互联网使用情况研究报告》，第7—8页，发表时间：2021年7月20日，http://www.cnnic.net.cn/hlwfzyj/hlwxzbg/qsnbg/202107/P020210720571098696248.pdf。

② 共青团中央维护青少年权益部、中国互联网络信息中心（CNNIC）：《2020年全国未成年人互联网使用情况研究报告》，第10—11页，发表时间：2021年7月20日，http://www.cnnic.net.cn/hlwfzyj/hlwxzbg/qsnbg/202107/P020210720571098696248.pdf。

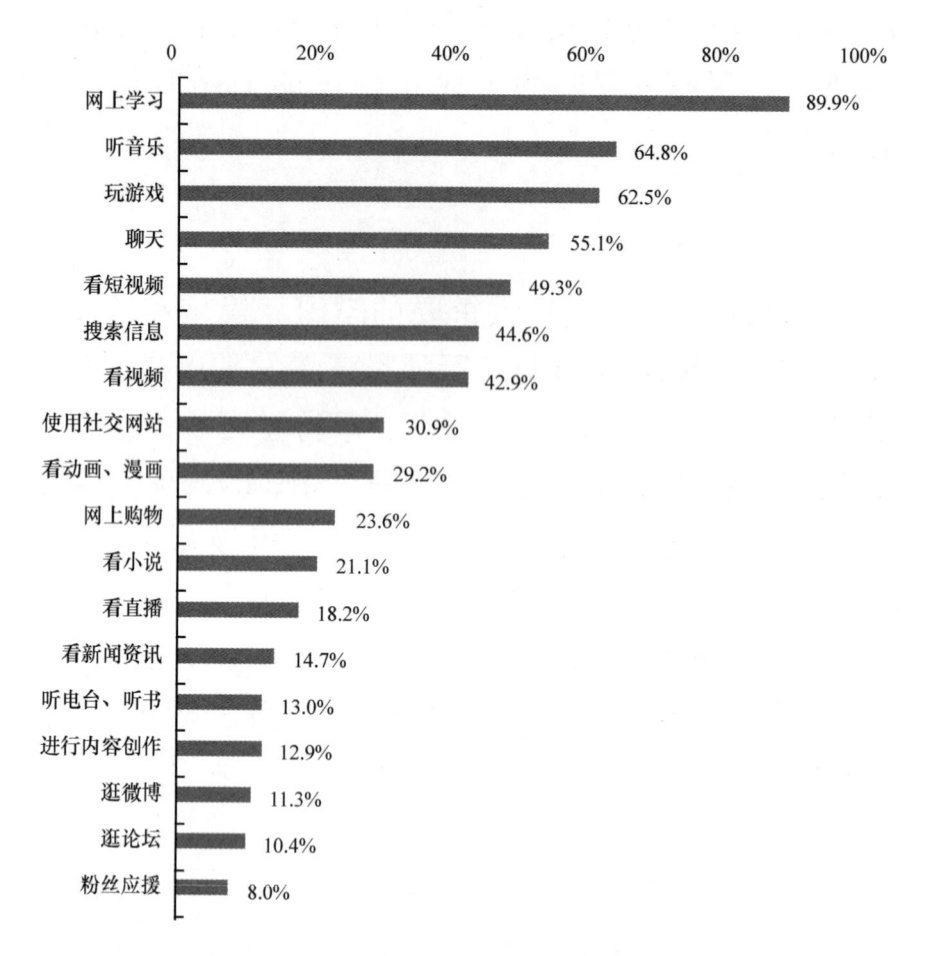

活动	比例
网上学习	89.9%
听音乐	64.8%
玩游戏	62.5%
聊天	55.1%
看短视频	49.3%
搜索信息	44.6%
看视频	42.9%
使用社交网站	30.9%
看动画、漫画	29.2%
网上购物	23.6%
看小说	21.1%
看直播	18.2%
看新闻资讯	14.7%
听电台、听书	13.0%
进行内容创作	12.9%
逛微博	11.3%
逛论坛	10.4%
粉丝应援	8.0%

图 1-2 未成年网民上网经常从事各类活动的比例

资料来源：CNNIC《2020年全国未成年人互联网使用情况研究报告》。

也各有差异：小学生网民上网从事各类活动的比例，均较未成年网民平均水平偏低，其中网上聊天、使用社交网站和网上购物明显低于平均水平；初中生网民所有互联网应用的使用比例均高于未成年网民平均水平。相比其他群体，他们更加偏爱网上聊天、使用社交网站和网上听音乐，且初中生网民经常在网上"粉丝应援"的比例为各学历段最高；而高中生网民经常使用网上购物、网上聊天和社交网站的比例均超过平均水平15个百分点以上,网上社会化活动比例明显较高;中职学生网民对于社交、购物和娱乐类应用存在明显偏好,在网上聊天、玩游戏、看短视频、看视频、网上购物、看小说、看直播、进行内容创作的比例均为各学历段最高。①

5. 存在风险和法律意识

一方面,未成年人在上网过程中存在遭遇网络讽刺谩骂及违法不良信息的风险;另一方面,未成年人对于各类网络安全规则有基本的认识,具有一定自我保护、主动维权的法律意识。

随着近年来对未成年人网络空间违法违规行为的严厉打击,未成年人遭遇网络安全事件的比例持续下降。表示"自己曾在过去半年内遭遇过网络安全事件"的为27.2%,较2019年(34.0%)下降6.8个百分点。各类网络安全事件均有所降低。其中,遭遇账号或密码被盗从19.8%下降至13.3%,电脑或手机中病毒从15.4%下降至11.1%。②

未成年网民遭遇网络不良信息的情况也明显好转。调查发现,65.5%的未成年网民未在上网过程中遭遇过

---

① 共青团中央维护青少年权益部、中国互联网络信息中心(CNNIC):《2020年全国未成年人互联网使用情况研究报告》,第11—15页,发表时间:2021年7月20日,http://www.cnnic.net.cn/hlwfzyj/hlwxzbg/qsnbg/202107/P020210720571098696248.pdf。

② 共青团中央维护青少年权益部、中国互联网络信息中心(CNNIC):《2020年全国未成年人互联网使用情况研究报告》,第24页,发表时间:2021年7月20日,http://www.cnnic.net.cn/hlwfzyj/hlwxzbg/qsnbg/202107/P020210720571098696248.pdf。

不良信息，较2019年（54.0%）提升11.5个百分点。其中，血腥、暴力或教唆犯罪内容比例下降最为明显，从2019年的19.7%下降至2020年的10.4%，下降了9.3个百分点。未成年网民在网上遭到讽刺或谩骂的比例为19.5%；自己或亲友在网上遭到恶意骚扰的比例为7.2%；个人信息未经允许在网上被公开的比例为4.9%。[1]

数据显示，未成年网民中，知道可以通过互联网对侵害自身的不法行为进行权益维护或举报的占比达到74.1%。小学生对于网络权益维护的认知相比其他学历段存在差距。数据显示，小学生网民对于网络权益维护的认知比例为65.1%。初中生、高中生、中等职业教育学生网民对于网络权益维护的认知比例则均达到85%左右。[2]

（二）未成年人网络权利保障的领域和现状

联合国《儿童权利公约》规定了儿童的生存权、发展权、受保护权、参与权等一系列基本权利，中国于1991年加入该公约，并已经在国内法领域建立起保障儿童基本权利的比较完整的法律体系。中国《未成

---

[1] 共青团中央维护青少年权益部、中国互联网络信息中心（CNNIC）：《2020年全国未成年人互联网使用情况研究报告》，第25—26页，发表时间：2021年7月20日，http://www.cnnic.net.cn/hlwfzyj/hlwxzbg/qsnbg/202107/P020210720571098696248.pdf。

[2] 共青团中央维护青少年权益部、中国互联网络信息中心（CNNIC）：《2020年全国未成年人互联网使用情况研究报告》，第11—15页，发表时间：2021年7月20日，http://www.cnnic.net.cn/hlwfzyj/hlwxzbg/qsnbg/202107/P020210720571098696248.pdf。

年人保护法》第3条规定："未成年人享有生存权、发展权、受保护权、参与权等权利，国家根据未成年人身心发展特点给予特殊、优先保护，保障未成年人的合法权益不受侵犯。未成年人享有受教育权，国家、社会、学校和家庭尊重和保障未成年人的受教育权。未成年人不分性别、民族、种族、家庭财产状况、宗教信仰等，依法平等地享有权利。"进入网络时代，未成年人对网络的接触和使用渗透到生活和学习的方方面面，对儿童和未成年人基本权利的保障自然有必要延伸到网络空间，建立起相应的新型权利体系和保障机制。

目前，无论是国内还是国外，未成年人在网络使用中受到的不良侵害和权利保障，都是受到广泛关注的问题。具体而言，受到重视的具体领域包括：网络不良信息侵害、沉迷现象、网络欺凌、个人信息侵害、网络相关的犯罪活动等，这些领域暴露出来的问题都需要建立相应的保护体系，以将未成年人权利的保护在网络空间落到实处。

1. 网络不良信息侵害

未成年人在使用网络过程中，接触网络游戏、社交软件、新闻资讯、文学作品、音视频等各类产品服务中，都可能遭受不良信息的侵害，此情况正在好转但形势仍严峻。调查显示，34.5%的未成年人曾在上网过程中接触到违法不良信息，相较于2019年的统计结果（46.0%）减少达11.5%。如图1-3所示，

2020年未成年人接触的不良信息比例由高到低分别为：炫富、淫秽色情、血腥暴力、自杀、歪曲传统文化、宣扬邪教和封建迷信、吸毒、美化侵略。

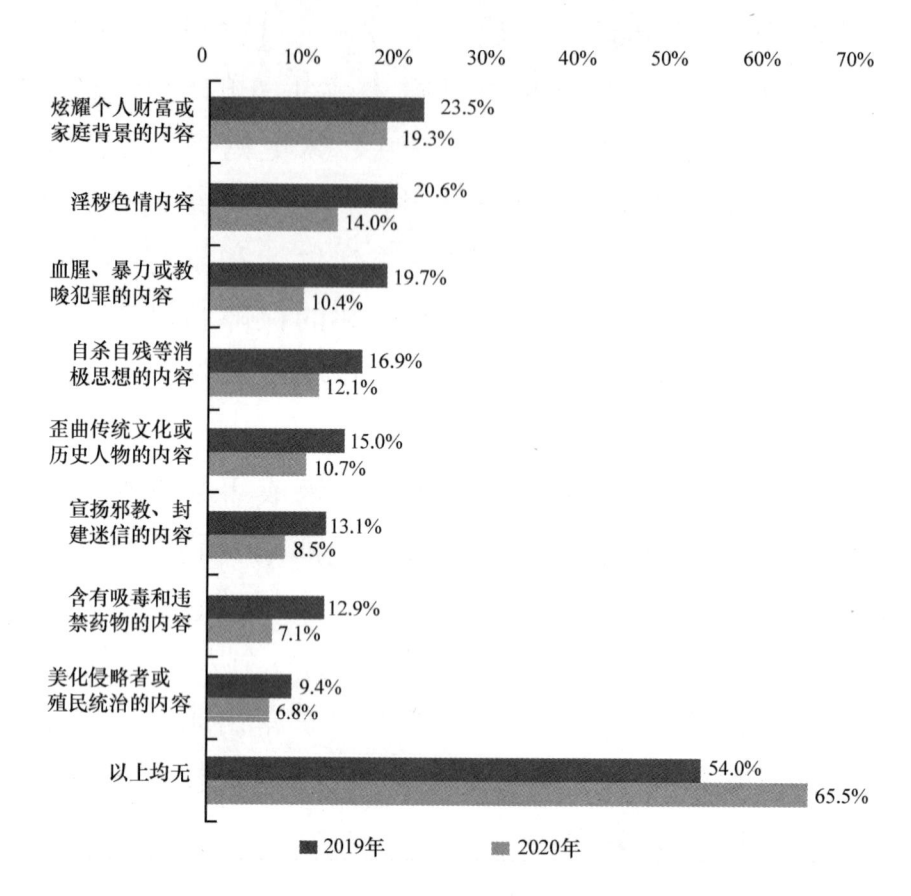

类别	2019年	2020年
炫耀个人财富或家庭背景的内容	23.5%	19.3%
淫秽色情内容	20.6%	14.0%
血腥、暴力或教唆犯罪的内容	19.7%	10.4%
自杀自残等消极思想的内容	16.9%	12.1%
歪曲传统文化或历史人物的内容	15.0%	10.7%
宣扬邪教、封建迷信的内容	13.1%	8.5%
含有吸毒和违禁药物的内容	12.9%	7.1%
美化侵略者或殖民统治的内容	9.4%	6.8%
以上均无	54.0%	65.5%

图 1-3　未成年人遭遇网络不良信息的情况

资料来源：CNNIC《2020年全国未成年人互联网使用情况研究报告》。

网络不良信息有可能出现在未成年人使用网络的各个领域和环节，不利于未成年人的身心健康发展，内容违法、不良或者低俗的信息有可能导致未成年人形成不健康的价值观，与此同时也可能导致其他形式的侵害，例如血腥暴力信息有可能导致未成年人产生暴力倾向，诱导赌博、吸毒、淫秽色情等信息有可能导致未成年人形成恶习，导致出现网络沉迷、欺凌等现象，最严重的有可能导致犯罪行为发生，未成年人有可能成为受害人，也可能从事犯罪行为，包括财产犯罪、暴力犯罪、性犯罪等。①

2. 沉迷现象

中国青少年网络协会进行的网瘾调查显示，中国城市地区14.1%的青少年网民受到网络沉迷的困扰，其中13—17岁的网瘾比例为14.3%。网瘾青少年主要是"网络游戏成瘾"，其次是"网络关系成瘾"。近一半网瘾青少年（47.9%）把"玩网络游戏"作为其上网的主要目的并且花费的时间最长，属于"网络游戏成瘾"；13.2%的网瘾青少年在"聊天或交友"上花费的时间最长，属于"网络关系成瘾"②。

2018年9月，国家卫生健康委员会发布《中国青少年健康教育核心信息及释义（2018版）》，对网络成瘾的定义及其诊断标准进行了明确界定。据此规定，网络成瘾指在无成瘾物质作用下对互联网使用冲动的失控行为，表现为过度使用互联网后导致明显的学业、职业和社会功能损伤。其中，持续时间是诊断网络成瘾障碍的重要标准，一般情况下，相关行为需至少持续12个月才能确诊。

---

① 杨雯清：《网络诱惑未成年人犯罪的法律治理》，《四川警察学院学报》2018年第6期。
② 《中国青少年网瘾报告（2009）发布》，《北京晚报》2010年2月10日。

2018年9月25日,国家卫生健康委员会就青少年健康问题召开新闻发布会,会上透露,据统计,全世界范围内青少年过度依赖网络的发病率是6%,中国发病率接近10%。①

在沉迷的具体领域中,游戏沉迷居于最突出的地位,目前政府出台的防沉迷相关机制也多是围绕网络游戏;网络社交沉迷和网络文学沉迷亦日益凸显,但目前防止措施尚属空缺;此外,网络视频等形式的沉迷问题也逐步引起关注和讨论。②如图1-4所示,听歌、学习、游戏、社交、看视频位于未成年人使用手机频率和时长的前列,而具体顺序因不同性别而有不同。

沉迷现象对未成年人的负面影响较为明显,会影响其正常的学习生活,威胁其身体健康和心理健康,导致出现大额支付等非正常消费行为,甚至诱导其从事犯罪活动。有调研表明,过度沉迷网络游戏诱发的未成年人犯罪的情况主要包括以下几个方面:为支付上网费用而诱发抢劫、盗窃等财产型犯罪;因沉迷网络暴力游戏而诱发故意杀人、故意伤害等暴力型犯罪;因沉迷网络造成人际关系障碍诱发犯罪;在网络游戏中结交不良朋友诱发团伙犯罪等。③

---

① 《国家卫生健康委员会就〈中国青少年健康教育核心信息及释义(2018版)〉有关情况举行发布会》,发表时间:2018年9月25日,http://www.china.com.cn/zhibo/content_63748793.htm。

② 南都新业态法治研究中心:《未成年人网络防沉迷监管现状与治理报告》,发表时间:2019年12月22日,http://news.southcn.com/nfdsb/content/2019-12/22/content_189876430.htm。

③ 中国青少年研究中心:《关于未成年人网络成瘾状况及对策的调查研究》,《中国青年研究》2010年第6期。

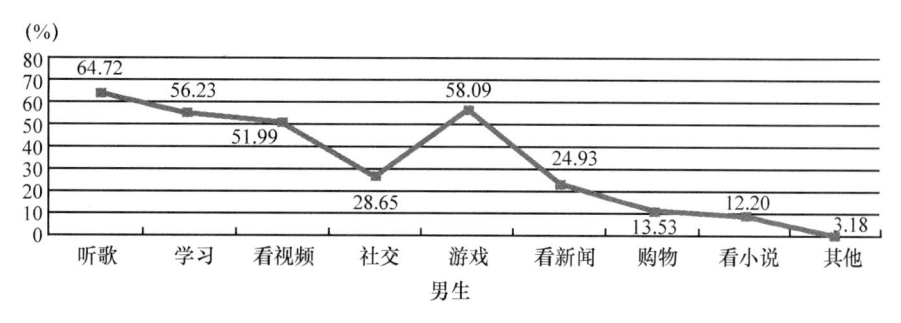

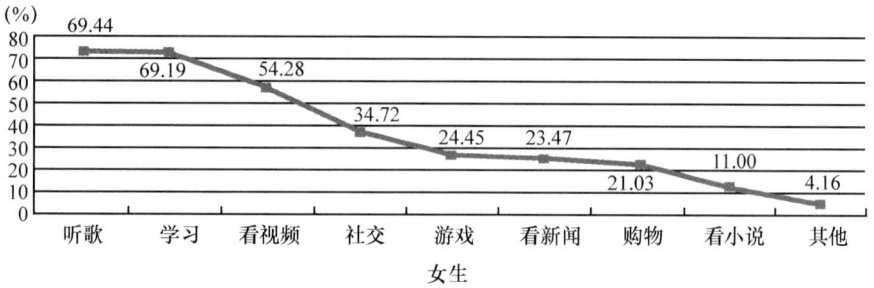

(%)
80
70 64.72
60   56.23   58.09
50   51.99
40
30   28.65   24.93
20   13.53 12.20
10   3.18
 0
   听歌 学习 看视频 社交 游戏 看新闻 购物 看小说 其他
                        男生

(%)
80
70 69.44
60   69.19
50   54.28
40
30   34.72
20   24.45 23.47 21.03
10   11.00
 0   4.16
   听歌 学习 看视频 社交 游戏 看新闻 购物 看小说 其他
                        女生

图 1-4　不同性别未成年人使用手机主要用途

资料来源：南都大数据研究院《未成年人移动互联网使用现状调研报告》，2019 年 7 月发布。

3. 网络欺凌

未成年人在使用网络过程中，遭遇网络欺凌或暴力的情形，也引起较为广泛的关注。调查发现，如图 1-5、图 1-6 所示，未成年网民中遭遇网络暴力的比例明显降低，其中在网上遭到讽刺或谩骂的比例从 42.3% 降低到 19.5%，自己或亲友在网上被恶意骚扰的比例从 22.1% 降低到 7.2%，个人信息在网上被公开的比例从 13.8% 降低到 4.9%。而在 2019 年南都大数据研究的调查中，如图 1-7 所示，有 12.47% 的受访未成年人表示曾遭受到网络欺凌，其中男性受欺凌的比例更高，同时，随着年龄增长，认为自己有过网络欺凌遭遇的比例整体呈上升趋势。①

针对未成年人的网络欺凌特点是，以言语欺凌为主，且具有隐蔽性和扩张性，未成年人在遭到网络欺凌后，大多数选择不向父母透露情况，但是网络欺凌又极易迅速扩张规模，甚至从线上欺凌发展为线下欺凌，体现为人肉搜索等表现形式，或其本身就是由线下欺凌发展而来。网络欺凌发展到极致，有可能发生未成年人轻

在网上遭到讽刺或谩骂　19.5%
自己或亲友在网上被恶意骚扰　7.2%
个人信息在网上被公开　4.9%

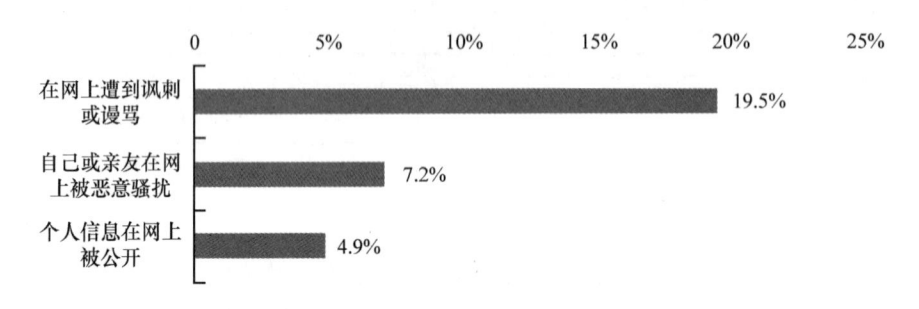

图1-5　2020年未成年网民遭遇网络暴力的情况

资料来源：CNNIC《2020年全国未成年人互联网使用情况研究报告》。

在网上遭到讽刺或谩骂　42.3%
自己或亲友在网上被恶意骚扰　22.1%
个人信息在网上被公开　13.8%

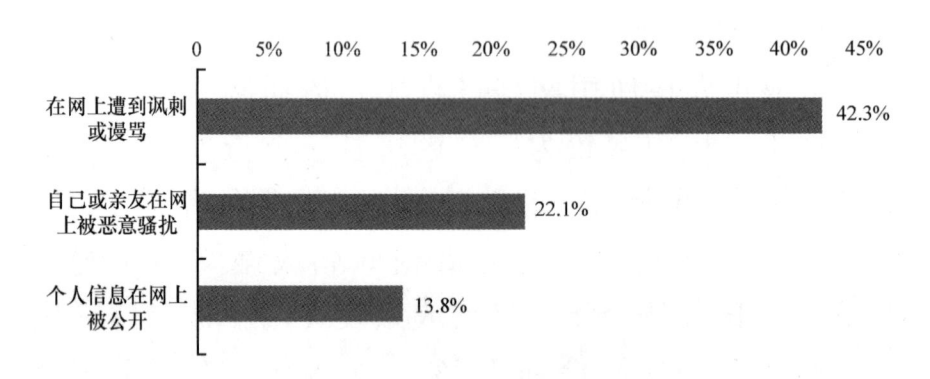

图1-6　2019年未成年网民遭遇网络暴力的情况

资料来源：CNNIC《2019年全国未成年人互联网使用情况研究报告》。

---

① 南都大数据研究院：《未成年人移动互联网使用现状调研报告》，发表时间：2019年7月31日，https://new.qq.com/rain/a/20190731A0TGO0。

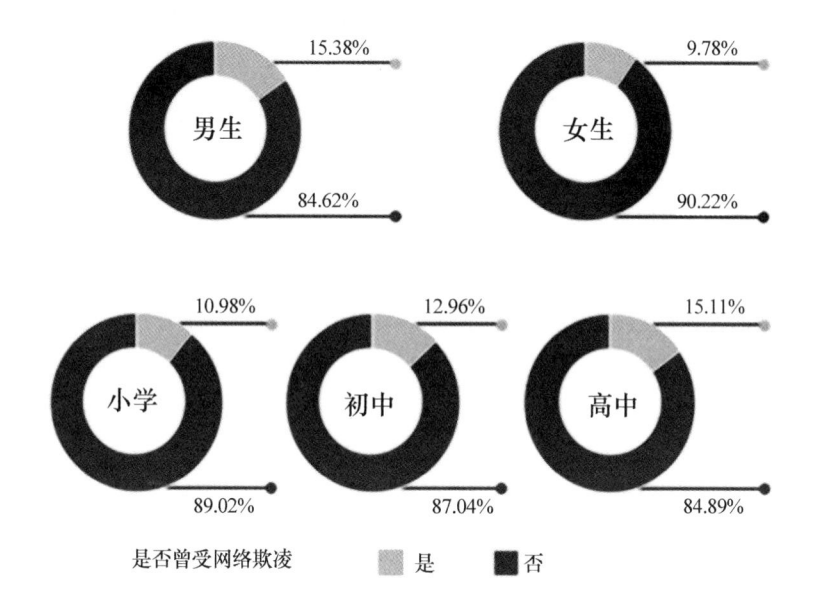

男生 15.38% / 84.62%
女生 9.78% / 90.22%
小学 10.98% / 89.02%
初中 12.96% / 87.04%
高中 15.11% / 84.89%

是否曾受网络欺凌　■是　■否

图1－7　不同性别和年级未成年人遭受网络欺凌情况

资料来源：南都大数据研究院《未成年人移动互联网使用现状调研报告》，2019年7月发布。

生的极端事件，这种例子国内外皆有之。[①]

4. 个人信息侵害

未成年人个人信息保护涉及其隐私权益，个人信息的泄露还会导致未成年人的人身安全和财产利益遭受损失，但未成年人使用网络过程中无可避免需要提供个人信息来获取服务，因此未成年人个人信息保护成为互联网和大数据产业发展受到关注的问题。目前为止，尚无专门针对中国未成年人个人信息保护状况

---

① 张志刚：《广东一女生遭人肉搜索后投河身亡发照片者被刑拘》，发表时间：2013年12月16日，http://www.chinanews.com/df/2013/12-16/5624842.shtml。

的调研数据,但是从图 1-8 和图 1-9 可以看出,从 CNNIC 等机构发布的关于个人信息安全相关数据来看,未成年人作为网民中的一部分,同样面临着严峻的个人信息泄露问题。

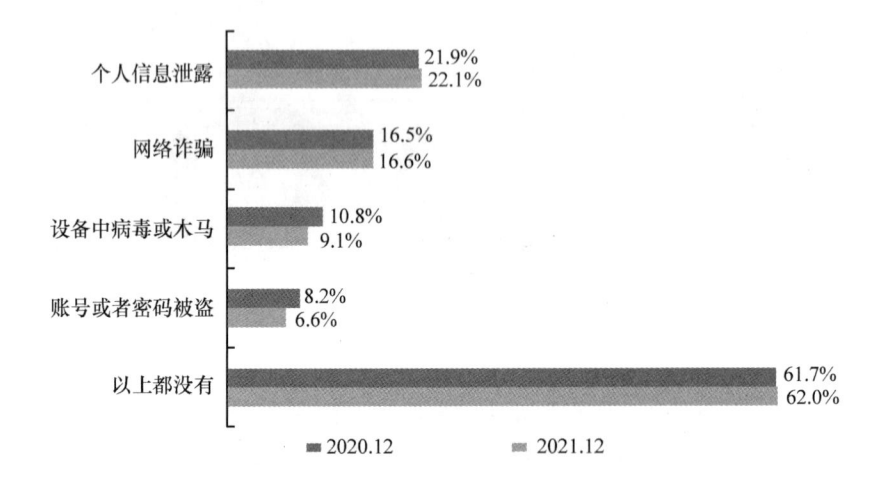

类别	2020.12	2021.12
个人信息泄露	21.9%	22.1%
网络诈骗	16.5%	16.6%
设备中病毒或木马	10.8%	9.1%
账号或者密码被盗	8.2%	6.6%
以上都没有	61.7%	62.0%

图 1-8　2020—2021 年网民遭遇各类网络安全问题的比例

资料来源:中央网信办、CNNIC《第 47 次中国互联网络发展状况统计报告》。

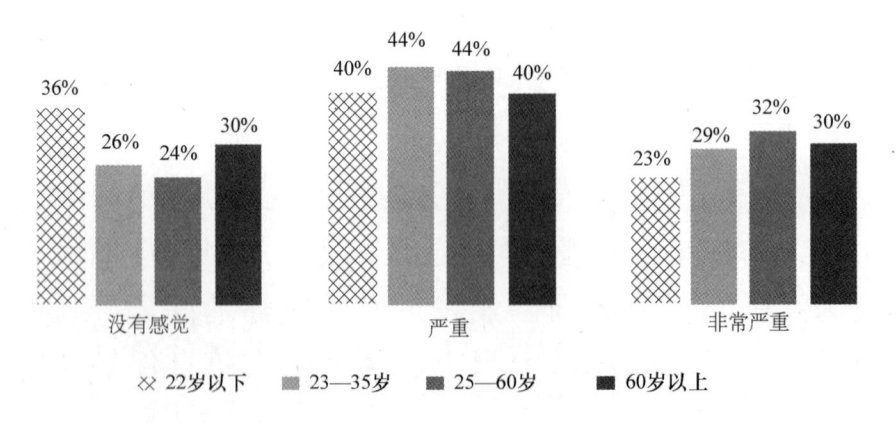

感受	22岁以下	23—35岁	25—60岁	60岁以上
没有感觉	36%	26%	24%	30%
严重	40%	44%	44%	40%
非常严重	23%	29%	32%	30%

图 1-9　不同年龄段人群对于个人信息泄露问题的整体感受

资料来源:中国青年政治学院互联网法治研究中心、封面智库《中国个人信息安全与隐私保护报告》2016。

未成年人个人信息的泄露会导致电信诈骗、账户失窃等风险,如2016年引起高度关注的"徐玉玉案",其源头即为学生个人信息泄露。而对于风险认知、判断和预防能力都不够完善的未成年人来说,身份信息、行踪轨迹、照片视频等信息的泄露,更可能使其暴露于儿童色情、绑架以及其他不可知的风险之下,因此,中国对于未成年人个人信息的保护,采取了特殊保护和强化保护的态度。

5. 网络犯罪

未成年人涉及网络的犯罪问题,涉及两个方面,一个是未成年人作为涉及网络犯罪的受害人,另一个是未成年人受到网络影响从事犯罪行为。未成年人在涉及网络的诈骗、色情、性侵等犯罪行为中都可能成为潜在的受害人。与传统未成年人被害问题相比,当前的未成年人的网络被害问题,体现三个趋势:其一,涉及网络的对未成年人犯罪的隐蔽性进一步增强,打击难度加大;[①] 其二,对未成年人犯罪成为传统犯罪网络化的重要形式;其三,相关犯罪中的网络要素逐渐从作为犯罪手段向作为犯罪空间延展。

未成年人在网络犯罪案件中作为被告人的情形,从最高人民法院中国司法大数据研究院发布的统计数据来看,如图1-10和图1-11所示,2016—2018年网络犯罪案件中未成年人作为被告人的占比为0.82%,

---

① 赵国玲:《预防青少年网络被害的教育对策研究——以实证分析为基础》,北京大学出版社2010年版,第13—14页。

而且呈现逐年降低的趋势。①

四分之三的网络犯罪案件被告人年龄在20—40周岁之间，年龄为28周岁的被告人最多

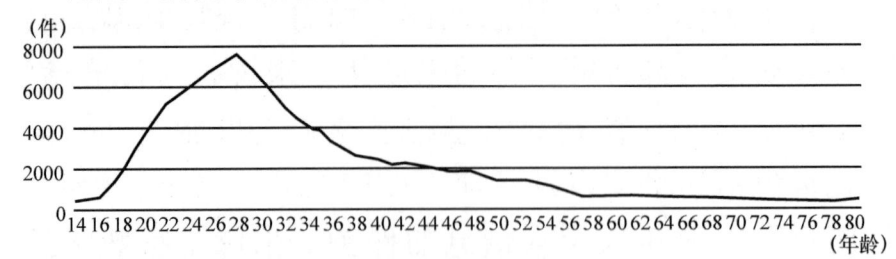

- 网络犯罪案件被告人年龄主要分布在20—40周岁，占比约为76.96%。
- 年龄为28周岁的被告人最多，约占全部被告人数的5.97%。
- 18周岁以下未成年被告人占比为0.82%。

图1-10　2016—2018年网络犯罪案件被告年龄分布

资料来源：中国司法大数据研究院《司法大数据专题报告之网络犯罪特点和趋势（2016.1—2018.12）》。

未满18周岁的被告人占比逐年降低

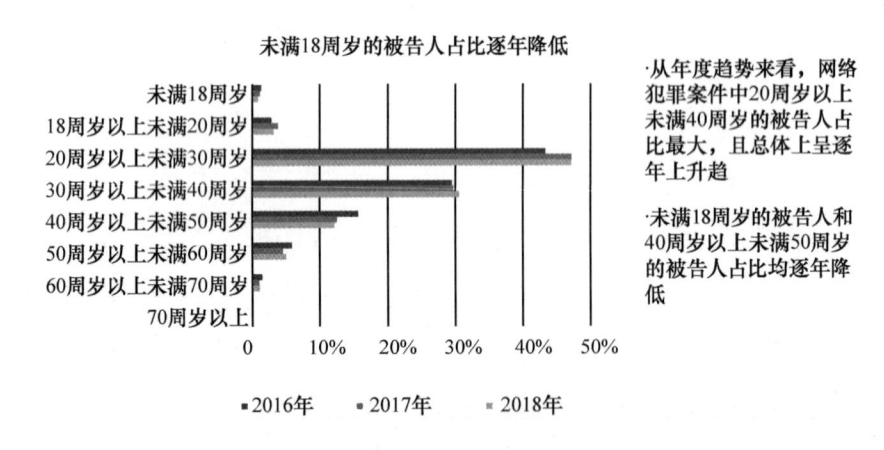

- 从年度趋势来看，网络犯罪案件中20周岁以上未满40周岁的被告人占比最大，且总体上呈逐年上升趋势
- 未满18周岁的被告人和40周岁以上未满50周岁的被告人占比均逐年降低

图1-11　2016—2018年网络犯罪案件被告人不同年龄段占比年度趋势

资料来源：中国司法大数据研究院《司法大数据专题报告之网络犯罪特点和趋势（2016.1—2018.12）》。

---

① 中国司法大数据研究院：《司法大数据专题报告之网络犯罪特点和趋势（2016.1—2018.12）》，发表时间：2019年11月22日，http://courtapp.chinacourt.org/fabu-xiangqing-202061.html。

需要注意的是，网络犯罪的数据并不能完全体现网络对于未成年人犯罪的全面影响，因为未成年人从事传统线下犯罪行为，亦有相当可能性是源于网络的影响。研究表明，很多未成年犯过多地受到不良网络信息和长时间上网的影响，在调查中选择每天超过6小时上网时间的未成年犯占到38.5%，而且其上网目的相对于普通未成年人，更多是听音乐、聊天和玩游戏，而非看新闻和查学习资料。① 另外，考虑到网络犯罪未成年被告人的数据来源于法院系统，因此不能不考虑到针对未成年人宽严相济政策以及教育预防理念的深入，在刑事诉讼的前期公安机关和检察机关对未成年犯罪嫌疑人的分流政策所取得的效果，因此对于未成年人的网络犯罪参与仍然应当给予足够的重视和警惕。

（三）未成年人网络保护的机制和进展

1. 法律法规

未成年人保护领域的两部基本法律为《未成年人保护法》和《预防未成年人犯罪法》，其中皆有涉及网络保护的具体规定。此外，《网络安全法》第十三条对未成年人网络保护作出了原则性规定："国家支持研究开发有利于未成年人健康成长的网络产品和服务，依法惩治利用网络从事危害未成年人身心健康的活动，

---

① 路琦等：《2017年我国未成年人犯罪研究报告——基于未成年犯与其他群体的比较研究》，《青少年犯罪问题》2018年第6期。

为未成年人提供安全、健康的网络环境。"2021年11月1日《个人信息保护法》生效，其中规定了不满十四周岁的未成年人个人信息作为敏感个人信息及相关特殊处理规则。

2019年，《未成年人保护法》和《预防未成年人犯罪法》都启动修改程序，立法机关分别发布了征求意见稿。尤其被称为未成年人法律体系中的小宪法的未成年人保护法于1991年制定后分别于2006年进行修订、2012年进行修正，此次正是考虑到随着经济社会的快速发展，未成年人沉迷网络游戏等问题日益严重，部分法律条款已不适应未成年人保护工作的现状。2019年10月，未成年人保护法修订草案提请十三届全国人大常委会第十四次会议审议，修订草案条文几乎增加一倍，其中，在网络保护方面，《未成年人保护法》征求意见稿中增设了第五章"网络保护"专章，对网络保护内容加以独立、特别规定，这是未成年人网络保护领域的一个十分重要的立法进展。2020年6月28日，《未保法》修订草案提请十三届全国人大常委会第二十次会议进行第二次审议，在保持总条文数量不变的情况下，对条文内容做了很大修改。其中"网络保护"一章，由一审稿的11条增加到18条，文字量增加了近一倍，并在后面"法律责任"部分结合前文规定了具体的处罚措施，初步构建起中国未成年人网络保护的法律基础。在二审稿的基础上，2020年10月17日第十三届全国人民代表大会常务委员会第二十二次会议第二次修订通过《未成年人保护法》，其中"网络保护"一章在基本认可二审稿修订方案的基础上，在关于未成年人个人信息保护、网络欺凌等部分问题方面又做了调整。2021年6月1日起，新《未成年人保护法》已经正式施行，中国对于未成年人的网络保护进入了新阶段。

在网络保护专章中，针对未成年人网络保护的重要领域分别进行了规定，对网络保护的理念、网络环境管理、网络企业责任、网络信息管理、个人网络信息保护、网络沉迷防治、网络欺凌及侵害的预防和应对等作出较为全面的规范，力图实现对未成年人的线上线下全方位保护。[①] 在监管体系的建设方面，《未成年人保护法》为网络服务提供者设置了全面而细致的特殊保护责任，同时又对网络保护中的家庭、学校、社会应当担负的治理功能进行明确，构建了多元共治的基础框架，并为更加具体的法规和相关政策提供了制度基础。

于2020年12月26日修订通过并于2021年6月1日起实施的《预防未成年人犯罪法》修正案，亦将网络使用行为的影响纳入规制范围，在第二十八条关于"不良行为"的列举中，将沉迷网络和接触不良网络信息列入其中。

在2021年10月23日通过并于2022年1月1日起施行的《家庭教育促进法》中，也规定了未成年人网络使用相关的家庭教育要求，要求家庭教育应当关于

---

① 《未成年人保护法迎来大修为未成年人健康成长提供法制保障》，《人民日报》2019年10月22日。

未成年人"健康上网"(第十六条);未成年人的父母或者其他监护人应当合理安排未成年人学习、休息、娱乐和体育锻炼的时间,避免加重未成年人学习负担,预防未成年人沉迷网络(第二十二条)。

在行政法规的层面,《未成年人网络保护条例》作为专门针对未成年人网络保护的法规,历经多年的酝酿和讨论,在2022年3月第二次公开征求意见。该《条例》草案包含了总则、网络素养培育、网络信息内容规范、个人信息保护、网络沉迷防治、法律责任等内容,针对未成年人网络保护涉及的众多领域进行了全面而系统性的规定,亦是中国法律制度中首部专门针对该领域的行政法规,回应了现实的热点和关切,并建构了一系列具有创新性和可操作性的制度方案,如获通过,有可能成为国际上具有影响力的系统规定未成年人网络保护的专门法规。

此外,在行政法规层面,国务院于2019年针对《互联网上网服务营业场所管理条例》作出了局部规定的调整,其中关于未成年人进入网吧等营业场所的禁止性规定,得以沿袭。

2. 行政监管

未成年人网络保护的监管涉及多个领域,因此,在具体落实保护机制上,有赖于行政主管机关在各领域的立法和执法实践。围绕未成年人网络保护,中国政府形成了多个监管部门分工合作的机制,历年来推出各个领域的部门规章和规范性文件(如表1-1所示),并加强执法行动。以网络空间信息内容作为重点治理领域的"清朗"系列专项行动,特别是"饭圈"乱象治理、整治网络直播、短视频领域乱象、算法综合治理部署等,都将未成年人保护作为突出的重点问题进行落实。2020年8月,教育部、国家新闻出版署、中央网信办、工业和信息化部、公安部、市场监管总局联合开展未成年人网络环境专项治理行动,集中整治未成年人沉迷网络问题、不良网络社交行为、低俗有害信息等问题突出的领域。

表1-1 2019—2022年发布未成年人网络保护相关部门规章和规范性文件情况

发布部门	文件名	生效时间
国家广播电视总局	《未成年人节目管理规定》	2019.4.30
国家互联网信息办公室	《儿童个人信息网络保护规定》	2019.10.1
国家新闻出版署	《关于防止未成年人沉迷网络游戏的通知》	2019.11.1
国家互联网信息办公室	《网络信息内容生态治理规定》	2020.3.1
国家新闻出版署	《关于进一步严格管理切实防止未成年人沉迷网络游戏的通知》	2021.9.1
国家互联网信息办公室	《互联网信息服务算法推荐管理规定》	2022.3.1

资料来源:作者根据政府网站公告自行整理。

(1)《儿童个人信息网络保护规定》

针对日益突出的未成年人个人信息侵害风险,国家互联网信息办公室于2019年8月发布《儿童个人信息网络保护规定》,这是中国首份专门针对儿童个人信息网络保护的法律文件，也是继2013年《电信和互联网用户个人信息保护规定》之后又一部个人信息保护领域的专门规定，针对14周岁以下儿童个人信息收集、处理、共享、删除等全环节进行了规定，强调了特殊保护、强化保护的原则，建构了监护人同意和儿童同意的双重授权机制，对儿童个人信息的保护作出了强于现行法律中个人信息保护一般规则的要求。

长期以来，尽管国际社会对儿童个人信息都给予了格外的重视，但是在相关立法上呈现不均衡的特点。例如美国在1998年即制定了《儿童在线隐私保护法》，但是欧盟1995年的数据保护指令并没有规定儿童个人信息保护，即使在2016年的《一般数据保护条例》中也只有围绕儿童数据保护的原则性条款。中国《儿童个人信息网络保护规定》（以下简称《规定》）的出台是在国内和国际上都高度重视儿童个人信息保护的背景下，对于国内外共同关注问题的重要回应，在制定过程中也借鉴并发展了国际相关制度和规则。

儿童个人信息保护制度需要考虑到儿童作为特殊主体，在认知和判断能力上的不足，在涉及个人信息相关的决定和风险判断时，需要监护人帮助或者代为作出判断。因此，在儿童个人信息被收集、存储、使用、转移、披露时，仅有儿童自身的同意是不足以保护其利益的，而需要征得监护人的同意。不过，儿童对其享有的个人信息相关权益处分也具有一定的独立性，立法必须充分理解、尊重不同类型儿童在不同阶段的特点和能力，对此应当作出动态发展的、符合儿童成长规律的考量。因此，参考国际标准并根据中国现状，将儿童的年龄定在14周岁，从而在保护、尊重未成年人自主权利以及互联网产业发展之间实现一个初步平衡，同时以儿童监护人同意机制为基础，也授予儿童在行使更正权和删除权时可以独立行使权利，从而为监护人同意基础上的儿童自主权保障提供了基础。

同时，该《规定》对于儿童个人信息提供了明显强于个人信息一般规定的保护。在对于儿童个人信息保护的最小必要原则上，《规定》贯彻得比较彻底，规定网络运营者不得收集与其提供的服务无关的儿童个人信息，不得违反法律、行政法规的规定和双方的约定收集儿童个人信息。较之于成人个人信息保护制度中，只要明确提示并取得主体同意，网络经营者就可以收集超过其服务范围的个人信息这一原则，上述规定更为强制和明确。在删除权的行使上，《规定》明确了权利行使的情形和途径，在《网络安全法》基础上提供了更加周全和切实的保护。针对儿童个人信息泄露的事故和风险，要求建立专门的预警和报告机制，这也是在《网络安全法》基础上一个重要完善和发展。

在目前个人信息保护相关的基础立法尚未体系化和细化的情况下，《规定》在儿童个人信息保护制度构建上，进行了细化设计，为产业提供了更加明确的指引，并且通过具体化的机制设计，系统性强化了对儿童个人信息的保护。例如，《规定》要求网络运营者应当设置专门的儿童个人信息保护规则和用户协议，并指定专人负责儿童个人信息保护；针对征得监护人同意这一重要义务，明确规定应当同时提供拒绝选项，并规定了应当明确告知的具体事项范围；针对网络运营者信息访问权限设定和内部管理制度，以及委托第三方处理、向第三方转让、披露儿童个人信息等涉及儿童个人信息处理全链条的相关行为，也作出了全面而细致的义务性规定。这些规定都具有很强的针对性，对产业提出了具体明确而切实有效的行为指引。通过目前乃至将来尽可能详细、全面的规范指引，尤其鼓励互联网行业组织指导推动网络运营者制定儿童个人信息保护的行业规范、行为准则，将有可能实现依法规范和行业自律的结合，避免互联网产业因权利保护而受到过度影响，实现法益保护和产业发展的全面均衡。

《规定》在注重保护儿童权益的同时，也秉持了开放和发展的立法思路，在安全和发展之间力求取得动态的平衡。例如，对于监护人同意没有拘泥于"明示同意"的形式，而是强调"以显著、清晰的方式告知"这一前提，在人工智能、物联网以及其他新技术创新层出不穷的数字社会，的确没有必要限于特定的同意形式，只要保证监护人能够在充分知情的情况下便捷地作出同意，灵活而开放的同意形式恰恰是能够在保护权益的前提下促进产业发展的。从保护儿童个人信息这一基本立场出发的《规定》，严格遵循《网络安全法》等上位法的规定，紧紧围绕保护的需要来展开，也充分考虑到例外的情形，例如，通过计算机信息系统自动留存处理信息且无法识别所留存处理的信息属于儿童个人信息的情况，可以作为适用《规定》的例外。

《规定》的出台和执行，有望为更多儿童保护的配套制度奠定基础，但是儿童的个人信息保护事业绝不可能一蹴而就，相反，这一制度更需要在实践中不断完善。尤其是诸如儿童身份识别、监护人身份识别与获取同意的具体标准等规范，都需要在实践中逐渐总结经验，系统发展出一整套可以切实落地的操作标准与规则。

（2）《网络信息内容生态治理规定》

针对网络不良信息导致的内容生态问题，国家互联网信息办公室于2019年12月发布了《网络信息内容生态治理规定》，倡导正能量内容建设，限制不良和低俗信息传播，意在建设风清气朗的网络空间，力图为未成年人健康成长营造良好的信息内容生态氛围。

在《网络信息内容生态治理规定》（以下简称《规定》）中，充分考虑了网络不良信息可能对未成年人带来的风险和伤害，强调了未成年人作为重要的保护对象，在界定不良信息的类型中，特别列明了"可能引发未成年人模仿不安全行为和违反社会公德行为、诱导未成年人不良嗜好等的"信息为不良信息的一种类型，要求网络信息内容生产者应当采取措施，防范和抵制制作、复制、发布；对于网络信息内容服务平台，要求其在"专门以未成年人为服务对象的网络信息内容专栏、专区和产品等"重点环节，不得发布不良信息。从防范未成年人接触并受不良信息诱导、伤害的角度，构建了细致、周全的保护规则，给平台施加了保护未成年人免受不良信息侵害的义务，是对未成年人权益的呵护和保护。

此外，《规定》也从正面引导优质内容的生产和传播，第十三条规定"鼓励网络信息内容服务平台开发适合未成年人使用的模式，提供适合未成年人使用的网络产品和服务，便利未成年人获取有益身心健康的信息"。

除了通过对内容生产者和服务平台提出未成年人保护的要求外，《规定》也通过对于网络使用者进行义务性规定，要求用户不得从事网络暴力、欺凌、人肉搜索等侵害他人权益的行为（第二十一条），同时也对水军、流量造假、深度造假等危害网络生态和秩序的黑灰产做出了禁止性规定（第二十二条到第二十四条）。这些规定都是对于网络上长期存在的违法或恶性活动的积极回应，对于这些行为的禁止和防范，一方面可以防止未成年人受到其直接侵害，另一方面，也可以防止不良的生态环境造成未成年人耳濡目染，形成不良的行为模式和价值观念。

现有法律框架下构建的治理目标，是对未成年人进行特殊保护和优先保护。但是，在整个未成年人网络保护的架构中，有效识别未成年人群体依然是一个国内外面临的共同难题，因此，建构一个专门针对未成年人的特殊生态网络，尚不具有现实性。在这样的情况下，对于未成年人容易触达、影响力广泛的传播渠道，通过综合生态治理机制，防范并抵制涉及血腥、暴力、色情、歧视等不良信息的泛滥，禁止网络暴力、欺凌、人肉搜索等行为导致的直接侵害，引导并建设健康、积极的文化氛围，并通过明确的规则和机制，来实现有法可依、依法执行，将网络内容生态治理纳入法治的轨道，构成未成年人保护的重要环节，是对未成年人成长负责任的举措，也有利于促进网络内容的生产和传播资源更多地集中到优质内容的产出链条中，避免劣币驱逐良币，整体上为未成年人的健康、安全成长提供让全社会更放心的网络生态。

（3）《互联网信息服务算法推荐管理规定》

2021年12月31日，国家互联网信息办公室、工业和信息化部、公安部、国家市场监督管理总局公布《互联网信息服务算法推荐管理规定》（以下简称《算法规定》），该规定的制定和实施为中国未成年人网络权益保护的制度框架提供了重要的组成部分，继《未成年人保护法》《儿童个人信息网络保护规定》《网络信息内容生态治理规定》等法律文件之后，在算法领域构建了未成年人网络权益保护的基本纲领，提供了保护和发展并行的中国方案。

首先，《算法规定》制定了未成年人保护专条（第十八条），专门针对未成年人权益保护规定了算法推荐服务提供者的一系列义务，要求向未成年人提供服务时，"应当依法履行未成年人网络保护义务，并通过开发适合未成年人使用的模式、提供适合未成年人特点的服务等方式，便利未成年人获取有益身心健康的信息"。在具体禁止性义务层面，该条进一步规定，"算法推荐服务提供者不得向未成年人推送可能引发未成年人模仿不安全行为和违反社会公德的行为、诱导未成年人不良嗜好等可能影响未成年人身心健康的信息，不得利用算法推荐服务诱导未成年人沉迷网络"。

未成年人保护专条从积极义务和消极义务两个方面，构建了算法推荐服务提供者的未成年人保护义务体系。这意味着，算法推荐服务提供者不仅需要筑起保护未成年人免受不良信息侵害的防护墙，还需要为未成年人获取有益信息承担积极主动的社会责任，通过在未成年人模式等专门模式下，建设并不断充实健康向上、适合未成年人身心特点、具备良好使用体验和充分吸引力的内容池，为未成年人积极构建风清气朗的网络空间，保证未成年人可以通过网络继续拓展视野、发展自我，保护和发展并重，建设未成年人友好型的网络空间。

《算法规定》强调了《未成年人保护法》网络专章中确认的不得诱导未成年人沉迷网络的规定。算法作为移动互联网时代的重要技术创新，算法推荐服务的重要特点即在于能够通过判断和预测用户偏好，向用户推送个性化定制的服务内容。未成年人存在认知能力和判断能力较弱、价值观尚未成型等特点，针对性过强的算法推送内容有可能引发各种不良效果，亦可能导致沉迷网络现象。针对这一重点问题做出明确的强调和规定，体现了《算法规定》强化落实算法领域防沉迷义务的坚定态度，也对互联网行业在未成年人保护领域的进一步规范化经营指明了方向。

其次，在未成年人保护专条之外，《算法规定》从内容生态治理、用户标签管理、用户权益保护多个层面对于算法推荐服务构建全流程、深层次的监管框架，为未成年人权益保护构建了多重屏障。

从内容生态治理角度，《算法规定》不仅提出了原则性要求，更是对于算法技术实现的全过程进行重点环节干预，例如要求"建立健全用于识别违法和不良信息的特征库，完善入库标准、规则和程序"，以及对于算法生成合成信息的显著标识义务，从源头对于信息内容的技术控制提出要求（第九条）。从用户标签管理角度，《算法规定》要求"加强用户模型和用户标签管理，完善记入用户模型的兴趣点规则和用户标签管理规则，不得将违法和不良信息关键词记入用户兴趣点或者作为用户标签并据以推送信息"，这对于防范未成年人接触违法和不良信息尤其重要。与之相对应的是用户权益保护领域，《算法规定》在《个人信息保护法》关于自动化决策的规定基础之上，进一步要求算法推荐服务提供者"应当向用户提供选择或者删除用于算法推荐服务的针对其个人特征的用户标签的功能"。（第十七条）这一规定在行业合规中需要结合不同场景和服务功能分别进行落实，在未成年人保护领域则应达到最为严格的落实水准，应当为未成年人和其监护人提供充分了解、选择、删除的机制，使其对于针对未成年人自身个人特征的用户标签掌握较为全面的控制和干预的权利，确保未成年人不会因为不恰当的标签设置以及据此进行的推荐服务而遭受侵害。

《算法规定》作为中国首份针对算法推荐服务制定的专门法律文件，在算法治理领域为国际社会提供了中国道路和方案，在未成年人网络保护领域，也构建了保护和发展并重的双重路径，强化和完善了体系化的制度构建，有助于提升网络空间治理体系和治理能力现代化，为建设未成年人友好型的网络空间提供了重要的制度基石。

（4）《关于防止未成年人沉迷网络游戏的通知》和《关于进一步严格管理切实防止未成年人沉迷网络游戏的通知》

文化主管部门、新闻出版主管部门针对网络游戏等文化产品进行监管，特别是对网络游戏的市场准入、内容管理、防止沉迷等履行监管职责。2019年10月国家新闻出版署发布《关于防止未成年人沉迷网络游戏的通知》，要求企业实行网络游戏用户账号实名注册制度；严格控制未成年人使用网络游戏时段、时长；规范向未成年人提供付费服务；切实加强行业监管；探索实施适龄提示制度；积极引导家长、学校等社会各界力量履行未成年人监护守护责任，加强对未成年人健康合理使用网络游戏的教导，帮助未成年人树立正确的网络游戏消费观念和行为习惯。[①] 2021年8月，再次发布《关于进一步严格管理切实防止未成年人沉

[①] 尹琨：《国家新闻出版署发布〈关于防止未成年人沉迷网络游戏的通知〉》，《中国新闻出版广电报》2019年11月6日。

迷网络游戏的通知》，在服务时长、实名验证等方面进一步提高了严格程度。

两份通知在网络游戏这一未成年人沉迷风险最为突出的领域，建构了十分严格和细致的全方位保护性规定，意在遏制未成年人沉迷游戏、过度消费等行为，要求游戏企业切实承担防范责任。具体而言，最重要的措施包括严格的实名认证、游戏时间控制、付费限制等。

在实名认证方面，通知要求所有网络游戏用户均须使用真实有效的身份信息方可进行游戏账号注册。所有网络游戏必须接入国家新闻出版署网络游戏防沉迷实名验证系统，网络游戏企业不得以任何形式（含游客体验模式）向未实名注册和登录的用户提供游戏服务。

通知要求严格控制未成年人使用网络游戏时段时长，这也是防沉迷的核心要素。第一份通知规定了"宵禁"制度，规定每日22时到次日8时不得为未成年人提供游戏服务，游戏时长方面，法定节假日每日不得超过3小时，其他时间每日不得超过1.5小时。而第二份通知更是被称为"史上最严防沉迷规定"，规定所有网络游戏企业仅可在周五、周六、周日和法定节假日每日20时至21时向未成年人提供1小时网络游戏服务，其他时间均不得以任何形式向未成年人提供网络游戏服务。

针对未成年人沉迷游戏带来的过度消费问题，通知针对不同年龄层次的未成年人做出了分层的规定。具体而言，规定网络游戏企业不得为未满8周岁的用户提供游戏付费服务；同一网络游戏企业所提供的游戏付费服务，8周岁以上未满16周岁的未成年人用户，单次充值金额不得超过50元人民币，每月充值金额累计不得超过200元人民币；16周岁以上的未成年人用户，单次充值金额不得超过100元人民币，每月充值金额累计不得超过400元人民币。

监管执法方面，通知也规定了十分严格的责任后果，要求对未落实要求的网络游戏企业，各地出版管理部门应责令限期改正；情节严重的，依法依规予以处理，直至吊销相关许可。此外，通知还规定了适龄提示制度，积极引导家长、学校等社会各界力量履行未成年人监护守护责任。

（5）《未成年人节目管理规定》

针对通过网络传播的音视频节目管理，国家广播电视总局于2019年2月发布《未成年人节目管理规定》，对线上线下的未成年人节目管理作出全面规定。"未成年人节目"，包括未成年人作为主要参与者或者以未成年人为主要接收对象的广播电视节目和网络视听节目。

该《规定》从未成年人节目的内容、制作和传播等方面来做出全面规定。在内容方面，《规定》列出了鼓励制作的正能量内容和不得制作的内容类型，后者包括暴力、血腥、恐怖、涉性、不良价值观、容易引发未成年人模仿的危险或不良行为、不利于未成年人身心健康的网络游戏宣传等内容。对于未成年人参与节目制作的，《规定》要求对未成年人权益和身心健康进行全面保护。

在传播环节,《规定》要求,网络视听节目服务机构应当以显著方式在显著位置对所传播的未成年人节目建立专区,专门播放适宜未成年人收听收看的节目,不得播出未成年人不宜收听收看的节目。播出机构应当建立未成年人保护专员制度,安排具有未成年人保护工作经验或者教育背景的人员专门负责未成年人节目、广告的播前审查,并对不适合未成年人收听收看的节目、广告提出调整播出时段或者暂缓播出的建议,暂缓播出的建议由有关节目审查部门组织专家论证后实施。网络视听节目服务机构应当对网络用户上传的未成年人节目建立公众监督举报制度,建立由未成年人保护专家、家长代表、教师代表等组成的未成年人节目评估委员会以及未成年人节目社会评价制度,应当就未成年人保护情况每年度向当地人民政府广播电视主管部门提交书面年度报告。

3. 司法实践

针对未成年人保护,人民法院贯彻落实"特殊保护、优先保护、全面保护"的理念,加强涉未成年人权益保护案件的依法审理,重视涉未成年人权益和少年司法工作,从严打击侵害未成年人权益的犯罪行为,保障未成年人合法权益。同时,大力加强少年法庭工作,努力推进少年审判制度改革,大力加强少年法庭工作,推动完善中国特色社会主义少年司法制度。全国四级法院已建立少年审判专门机构或者专人审理机制，共设立少年法庭 2253 个，合议庭 1246 个，少年刑事审判庭 405 个，综合审判庭 598 个，审判机制专业化、规范化取得重要进展。① 就具体领域，例如，如图 1－12 所示，2013—2017 年，全国法院依法审理制作复制出版贩卖传播淫秽物品牟利、传播淫秽物品罪 8207 件，惩处罪犯 8680 人，打击了一批以"快播"为代表的毒害未成年人身心健康的传播淫秽物品案件，净化了网络空间。2020 年 12 月，最高人民法院发布《关于加强新时代未成年人审判工作的意见》，强调要切实做好未成年人保护和犯罪预防工作，不断提升未成年人审判工作能力水平，促进完善中国特色社会主义少年司法制度。

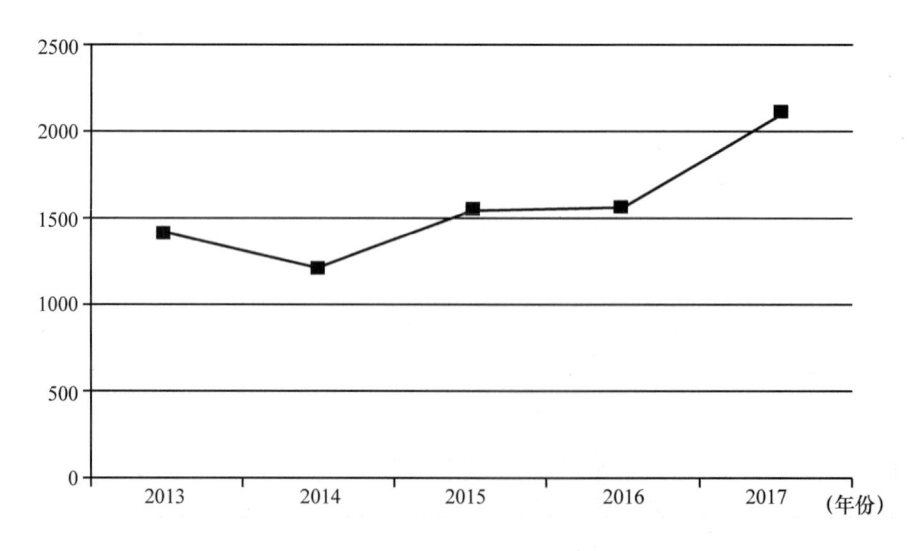

图 1－12　2013—2017 年涉未成年人传播淫秽物品案件变化趋势
资料来源：中国司法大数据研究院《从司法大数据看我国未成年人权益司法保护和未成年人犯罪特点及其预防》。

---

① 中国司法大数据研究院：《从司法大数据看我国未成年人权益司法保护和未成年人犯罪特点及其预防》，发表时间：2018 年 6 月 1 日，http://courtapp.chinacourt.org/fabu-xiangqing－99402.html。

2019—2022年，最高人民法院发布了多批未成年人保护典型案例，其中涉及多件未成年人网络保护的案例。如2019年发布的"保护未成年人权益十大优秀案例"中，就有具有典型意义的依法严惩通过网络实施的无身体接触的猥亵犯罪案件；2020年发布的"依法严惩侵害未成年人权益典型案例"中，也包括了被告利用网络强奸未成年人被判死刑的案例；2021年发布的"未成年人司法保护典型案例"中，包括一起未成年人直播打赏160万元巨款的案件，回应了社会热点关注，通过多次组织双方当事人调解，经过耐心细致的辨法析理，最终当事双方达成庭外和解，促成返还打赏款项。2022年发布的"未成年人权益司法保护典型案例"中，包括一起未成年人进行大额支付进行网络消费的案件，法院认定未成年人购买游戏账号支付36652元的行为，显然与其年龄、智力不相适应，其法定代理人亦明确表示对该行为不予追认，故未成年人实施的购买行为无效，判决被告向原告全额返还购买游戏账号的款项。

在检察系统，2015年12月23日，最高人民检察院公布，最高人民检察院未成年人检察工作办公室正式成立。[①] 截至2018年10月，全国设立独立未成年人检察机构的省级检察院已达到24个，全国共设立有编制的未成年人检察专门机关1000余个，有7000余名

---

① 上海市法学会未成年人法研究会：《2015年少年司法保护十大案事例》，载《上海法学研究》2019年第18卷。

检察人员从事未成年人检察工作。① 在前期多年的探索基础上，2019 年最高人民检察院成立了第九检察厅，也可称未成年人检察厅，负责对法律规定由最高人民检察院办理的未成年人犯罪和侵害未成年人犯罪案件的审查逮捕、审查起诉、出庭支持公诉、抗诉，开展相关立案监督、侦查监督、审判监督以及相关案件的补充侦查，开展未成年人司法保护和预防未成年人犯罪工作。②

在最高人民检察院于 2018—2022 年发布的未成年人保护典型案例中，都有相当部分涉及网络保护，如通过网络针对儿童谎称"童星招募"从事性侵犯罪，通过网络聊天实施网络猥亵儿童犯罪，都具有典型意义，并产生了重要的案例示范和规则指引作用。③

在 2022 年发布的典型案例中，浙江省杭州市余杭区人民检察院诉北京某公司侵犯儿童个人信息权益公益诉讼一案，检察院通过刑事案件发现线索，查明北京某公司旗下 App 在未告知并征得儿童监护人同意的情况下收集、存储儿童用户的个人敏感信息，并运用后台算法，向具有浏览儿童内容视频喜好的用户直接推送含有儿童个人信息的短视频；此外该 App 未对儿童账号采取区分管理措施，默认用户点击"关注"后

---

① 《针对未成年人司法保护要求各级成立专门监察机构》，载国务院新闻办公室网站，发表时间：2019 年 1 月 3 日，http://www.scio.gov.cn/xwfbh/xwbfbh/wqfbh/39595/39596/zy39600/Document/1644832/1644832.htm。

② 《第九检察厅》，载最高人民检察院网站，发表时间：2019 年 1 月 3 日，https://www.spp.gov.cn/spp/gjyjg/nsjg/201901/t20190103_404108.shtml。

③ 《从严惩处涉未成年人犯罪加强未成年人司法保护》，发表时间：2019 年 12 月 20 日，https://www.spp.gov.cn/spp/zgrmjcyxwfbh/zgjjxcyccswcnrfzxwfbh/index.shtml；《最高检通报检察机关加强未成年人司法保护工作情况》，发表时间：2018 年 5 月 29 日，http://www.scio.gov.cn/xwfbh/qyxwfbh/Document/1632839/1632839.htm。

即可与儿童账号私信联系，并能获取其地理位置、面部特征等个人信息。经该公司整改及道歉，本案由杭州互联网法院调解结案。本案发挥了未成年人检察统筹各项检察职能的工作优势，具有推进未成年人个人信息保护实践、完善未成年人个人信息保护规则体系的重要意义。本案明确了未成年人个人信息的特殊同意规定、监护人同意的获取、未成年人敏感个人信息的处理、未成年人用户画像的规则适用等关键问题上的法律适用，且对于未成年人网络保护中的算法治理问题作出了探索和回应，明确了互联网平台在算法设计和个性化推荐过程中承担规范运用算法的主体责任。

2021年8月6日，北京市海淀区人民检察院公告称，该院在履行职责中发现，深圳市腾讯计算机系统有限公司的微信产品"青少年模式"在权限管理、时间管理、消费管理、内容管理、强提醒和多端对齐等方面不符合《中华人民共和国未成年人保护法》相关规定，侵犯未成年人合法权益，涉及公共利益。根据《中华人民共和国民事诉讼法》第五十五条规定，法律规定的机关和有关组织可以提起民事公益诉讼，法律规定的机关和有关组织提起诉讼的，人民检察院可以支持起诉。腾讯公司8月7日对此公开回应，表示将认真自检自查微信青少年模式的功能，虚心接受用户建议以及诚恳应对民事公益诉讼。海淀区人民检察院组织由中国社会科学院大学互联网法治研究中心主持、相关领域专家参与的专家评估组，对整改后的微信"青少年模式"进行了评估。

未成年人网络保护涉及领域比较分散，且多为新型问题和现象，由于问题的隐匿性和司法适用标准不明确，并没有全面反映到司法实践中，如个人信息保护、沉迷等问题虽然突出，但是转化为司法诉讼的尚不多见，亦没有具体的数据统计。民事相关案件中，引起公众关注的一类案件是未成年人在网络游戏、直播等消费中高额支付的纠纷。[①] 这类纠纷目前已经出现一系列判决，但是其妥善解决还有赖于身份识别、个人信息保护等相关制度的系统完善。由检察机关等提起的针对未成年人权益网络保护的公益诉讼方兴未艾，有望成为未成年人网络保护领域治理秩序的重要机制，为规则的细化、落地、发展和完善提供具有建设性的具有中国特色的方案。

4. 企业自律和社会共治

未成年人网络保护，除了依靠立法、行政、司法等政府机制和投入之外，其实很大程度上还要依靠互联网企业依法践行保护职责，建立相应的保护机制，将法定义务落到实处，并发挥企业在技术、数据等资源上的优势，才能做到防患于未然，将未成年人网络使用行为中可能遭遇的权益侵害风险从源头上进行治理。

在未成年人保护方面，中国互联网企业通过上线"青少年模式"，来实现身份识别、个人信息保护、防

---

① 冯松龄：《谁来为未成年人巨额打赏主播负责》，原载《中国消费者报》2018 年 5 月 31 日。

沉迷等多重特殊保护功能的实现。在国家网信办等政府部门的推动下，网络游戏、视频、直播等行业的企业，都上线了青少年模式，为包括未成年人在内的青少年提供专门的服务。[①]《未成年人保护法》规定了青少年模式的基础要求，征求意见中的《未成年人网络保护条例》对青少年模式提出了进一步细化的规定。青少年模式成为互联网企业落实未成年人网络权益保护的重要机制。但是目前为止，青少年模式的功能、权限、内容池设置、进入方式等方面都尚未形成明确的行业标准，其完善和合规，很大程度建立在未成年人及其监护人主动选择并自律的基础之上，作为未成年人保护基础性的重要机制，青少年模式的落实亟须形成统一和明确的规范和指引。

在中国网络社会组织联合会与联合国儿童基金会共同主办、中国社会科学院大学和中国青年网承办的2019年未成年人网络保护国际研讨会上，政府、社会组织、企业、学校的代表及部分家长和儿童代表，共同发布《儿童个人网络信息保护倡议书》，就加强儿童个人网络信息保护，为儿童营造健康的网络环境进行研讨交流。

未成年人网络保护的重要前提之一是未成年人网络素养的培养，对于这个问题，社会各界也逐渐达成共识，通过多样的形式进行普及，推动未成年人网络素养教育和积极氛围的营建。

[①] 《国内53家主要网络直播和视频平台已上线"青少年模式"》，发表时间：2019年10月14日，https://tech.qq.com/a/20191014/005293.htm。

（四）未成年人网络保护的完善与展望

总体来看，近年来，中国的未成年人网络保护，涌现出多个引人关注的热点问题领域，风险、挑战与发展和机遇并存。中国未成年人网络保护机制在立法上初成体系，随着相关法律法规和规章的制定加速，相信在不远的将来，中国将会形成居于世界领先地位的未成年人网络保护立法体系，为国际社会提供中国的制度范本。从行政监管和司法实践来看，各个具体领域都在逐步形成更加精细化的治理规则，治理体系和能力的现代化，将在未成年人网络保护领域体现为未成年人的发展权、受教育权、受保护权等基本权利在网络时代的进一步落实。

中国的未成年人网络保护立法的完善，需要在理论上提出更加基础和体系的保护框架进行呼应，应当在传统儿童权利的基础上，确立更具针对性的"未成年人数字权利"的概念，并通过立法予以确认。以数字权利为线索，明确立法定位和法律适用的顺序，促进不同立法层级之间的体系化，既要构建科学合理的监管体系，也要注重提高未成年人的网络素养。

在这一思路的指引下，中国对于未成年人网络保护立法的理念与趋势也要随之转变，要从既有的责任导向的管制模式转向对监管主体赋能的指引模式，从防止未成年人遭受网络侵害转向促进未成年人自我发展自我保护的理念，从强调权利保护转向强调权利和义务的体系化衔接，从"一刀切"的责任分配模式转向与各主体能力和利益相协调的责任匹配模式。

就具体的立法思路而言，当前未成年人网络保护立法的体系化完善，首先要回答关于儿童数字权利的六个问题：第一个是数字技术的使用权问题；第二个是数字环境中的受保护权问题；第三个是数字权利保护全面化的问题；第四个是数字权利保护分层化的问题；第五个是数字权利保护的类型化问题；第六个是未成年人数字义务的培养和履行问题。此外，数字环境中有效区分未成年人及其监护人身份的问题，是未成年人网络保护立法的一个基础支撑性制度建设问题。[①]

行政监管方面，现有的政府规章和规范性文件有望进一步完善，在目前规则构建存在不足的一些领域，如直播、支付、教育、广告等，都可能出台专门针对未成年人网络保护的规定。与此同时，现有规定的执法和实施，也将是各个主管部门的工作重点，在内容生态治理、防沉迷、防范网络欺凌、个人信息保护等领域，都已经并将继续开展全面而深入的执法实践，切实保护网络空间的各项儿童权利，并发展出更加细化可行的实施细则。

司法保护方面，依托法院系统的少年审判专门机构以及检察院系统的未成年人检察机构，针对未成年

[①] 参见林维教授在第六届世界互联网大会"网上未成年人保护与生态治理论坛"上的主题演讲内容，《世界互联网大会聚焦未成年人网络保护立法》，发表时间：2019年10月21日，http://www.cac.gov.cn/2019-10/21/c_1573188924555708.htm。

人权益受侵害和涉未成年人犯罪的司法实践将更加专业化和规模化。通过未成年人公益诉讼等方式，未成年人网络权益的保护水平将向纵深发展，而涉及网络的未成年人权利保护将占到更加明显的比例，凸显其重要性。除了较为完备的刑法保护体制外，涉及未成年人网络权益保护的民事案件也将呈现上升态势，在支付打赏、个人信息保护、网络欺凌等方面有望继续涌现出一批具有代表性的案例。

企业自律和社会共治方面，企业内部针对未成年人网络保护的合规意识和制度建设正在迅速提升，行业协会、社会组织以及公众舆论对于未成年人网络保护问题也在形成越来越强烈的共识。家庭和学校作为未成年人权益保护的最前线，正在发挥越来越积极的作用，未成年人网络素养教育的重要性也被政府和各界所认知，并得到积极推进。

总体来看，未成年人网络保护的中国方案，是构建网络空间命运共同体的重要一环。中国未成年人网络使用正在经历迅速增长的阶段，中国未成年人网络保护工作取得重要成果，在立法、行政、司法、社会、家庭等领域发挥各利益相关主体的能动性，形成儿童基本权利的保护合力，正在体系构建和多元共治的快速道上迅速推进。与此同时，中国未成年人保护立法的理念，也正在顺应数字时代的发展趋势进行及时更新，越来越注重未成年人数字权利保障体系的建立，越来越注重未成年人网络保护的体系化和完整性，从而为网络时代未成年人合法权益的维护奠定了良好的制度基础。

二 儿童网络个人信息保护研究

刘晓春 李梦雪*

根据2020年9月中国互联网络信息中心（CNNIC）第46次发布的《中国互联网络发展状况统计报告》显示，截至2020年6月，中国网民规模为9.4亿人，其中19周岁以下青少年网民占18.3%[①]。不止在中国，从全世界来说，未成年人网民甚至儿童网民都占据了很大的比例，并且数量也呈现不断增长的趋势。2018年2月6日，联合国儿童基金会（UNICEF）就表示，全世界每天有超过17.5万名儿童第一次上网，平均每半秒钟就会新增一名儿童网民。[②] 在此背景下，现在的儿童从出生开始，就沐浴在互联网环境中，成为真实的"网络原住民"。

针对如此庞大的未成年人或儿童网民规模，在目前中国个人信息保护立法尚不完备的情况下，各式各

---

* 刘晓春，中国社会科学院大学互联网法治研究中心执行主任。李梦雪，中国社会科学院大学互联网法治研究中心研究助理。

① 《全国政协委员丁洁建议：尽快出台未成年人网络保护条例》，中国妇女报网，https://mp.weixin.qq.com/s/QN-wmYxjTk7F0ZgtFZ5O_g，2021年5月23日访问。

② 《全球每日新增逾17.5万儿童网民数字世界机遇与风险并存》，联合国儿童基金会网，https://www.unicef.cn/press-releases/more-175000-children-go-online-first-time-every-day-tapping-great-opportunities，2021年5月23日访问。

样的儿童个人信息或数据泄露事件也是频发，而网络的发达，导致信息的传递以摩尔定律的指数级增长，个人信息一旦泄露可能会给个人造成不可逆转的伤害。而儿童作为公民中认识能力和辨识能力较弱的群体，自我保护的意识也较弱，如果一旦其个人数据被不当利用，其受到伤害的风险更大，给儿童的健康成长带来了隐患，也对儿童监护人造成心理上和情感上的伤害。

自 2020 年 1 月起，浙江检察院根据最高检部署，组织开展未成年人网络保护专项监督工作，全面梳理各地上报的涉未成年人违法犯罪案件 565 件（截止到 2021 年 3 月），其中与未成年人个人信息保护相关的案件占比较高。① 因此，从实践数据来看，对儿童个人信息给予特殊的保护是解决现实问题的重要方面，强化对儿童个人信息的保护，也应该是儿童基本权益保护的应有之义。

（一）儿童网络个人信息保护的国外立法和相关案例

1. 美国

（1）美国儿童个人信息保护立法

美国是世界上较早意识到儿童数据和儿童隐私保

---

① 《强化儿童个人信息网络保护，全国首例未成年人网络保护民事公益诉讼案办结》，正义网，https://baijiahao.baidu.com/s? id = 1694442695782315026&wfr = spider&for = pc，2021 年 5 月 24 日访问。

护重要性的国家。1998年，美国国会通过《儿童在线隐私保护法》（Children's Online Privacy Protection Act，以下简称COPPA法案），是美国第一部专门保护儿童网络个人信息方面的法律，具有较大的影响力，COPPA法案在未成年人数据权益的保护方面为互联网空间各类提供在线服务的运营商明确了较为详细的规则。2011年9月，美国联邦贸易委员会（Federal Trade Commission，以下简称FTC）对COPPA提出修改意见，新修订的意见于2013年7月正式生效。目前，该法案又在进一步修订审议中。

COPPA法案的适用范围主要针对三类情形，一是专门面向13岁以下儿童提供服务，并收集儿童个人信息的网站或在线服务运营者；二是适用于那些虽面向一般受众（general audience），但对收集13岁以下儿童个人信息有实际认知（actual knowledge）的网站和在线服务运营者；三是面向第一类运营者提供广告网络或插件等商业服务，从而也明知收集儿童个人信息的第三方服务提供者。可见，COPPA法案并没有对所有的网站和在线服务运营者进行规制。

COPPA法案对儿童个人信息的保护规制思路主要包括：

首先，知情同意规则依然是儿童个人信息保护的首要合规要求。COPPA要求专门针对儿童的网站或在线服务的经营者从儿童处收集个人信息，或者不是专门针对儿童的网站或在线服务的经营者但实际知道其从儿童处收集信息的时候，需要在收集儿童信息的网站上发布声明,介绍其将如何使用这些信息以及公开这些信息的过程,并要求互联网经营平台在收集、使用、公开儿童的个人信息时应尽到合理努力,获得"可验证的父母的同意",主要包含两层含义:一是验证父母为儿童真实监护人的身份;二是获得该儿童监护人同意平台收集其被监护人个人信息的权利。

对如何获得"可验证的父母的同意",COPPA法案并没有提供具体路径指引,但是YouTube等一些企业的实践或许可以当作参考,[①] 如:

(1) 家长签署同意书并返回给运营商;
(2) 交易时使用需要身份验证的支付系统或方式;
(3) 验证身份证件;
(4) 发送电子邮件或者视频验证等方式。

另外,FTC明确已经列举出的家长同意的方式不是穷尽的,允许利害关系方向FTC提起书面申请,创新目前未列举的"家长同意方法",这种创新机制由于其开放性和实用性而受到好评。

其次,平台应承担识别儿童监护人身份的义务。在儿童向网站或在线服务运营者提供个人信息时,运营商应正确识别其父母的身份,并向父母通知以下事项:从儿童处收集信息的具体类型的描述;在任何时候均可拒绝授权经营者使用或维护信息,或在未来继续从儿童处在线收集信息的机会;尽管法律可能有其他规定,但是父母获得从儿童处收集的个人信息是合

---

① 参见黄晓林、张亚男、吴以源《共同打造儿童数字未来——欧美儿童数据保护对我国的借鉴》,《信息安全与通信保密》2018年第8期。

理的。

最后,平台应保证其收集的儿童个人信息的保密性、安全性和完整性。不仅包括在儿童参加活动的时候,禁止平台通过有奖或其他方式使儿童暴露超过合理必要范围内的信息;也要求网站或在线服务的经营者建立并维持一个合理的程序,以保护儿童的个人信息的保密性、安全性和完整性。

美国对儿童个人信息的网络保护还有一个独特的制度,这就是 COPPA 法案提出的安全港规则。安全港规则是关于在线服务运营商的自律原则,运营商通过申请加入,经 FTC 批准的网站或者服务提供者可以进行自我规制,根据 FTC 的指导方针的要求来遵守 COPPA 的规则,这些要求甚至可能会高于 COPPA 本身的要求。这种安全港模式在 COPPA 中具体表现为,网络运营商必须在醒目位置以各种方式告知儿童其个人信息收集的行为。此外,美国联邦贸易委员会在 COPPA 的框架下创立"安全港监督机制",鼓励网络运营商自主开发灵活高效保护儿童网络隐私的途径,来丰富安全港的内涵,加大对儿童网络隐私的保护力度。同时,网络运营商应自觉接受美国联邦贸易委员会的调查和执法,如果网络运营商违背了相关规定,就必须接受相关的行政处罚。① 网络技术日新月异,这样的自我管理机制一定程度上解决了法律滞后性的问题,具有良好的社会效应。

---

① 彭焕萍、王龙珺:《美国儿童网络隐私保护模式对中国的启示》,《成都行政学院学报》2015 年第 2 期。

（2）FTC处罚和调查的相关案例

①YouTube被FTC处罚案件

2019年9月，美国联邦贸易委员会（FTC）和纽约总检察长（New York Attorney General）宣称，YouTube和Google公司在未经儿童监护人同意的情况下非法收集儿童的个人信息，将支付破纪录的1.7亿美元以达成和解。

在针对这两家公司的投诉中，FTC和纽约总检察长声称YouTube向儿童频道的观看者那里收集儿童观看者的个人信息，但并未事先通知儿童的父母并征得其监护人的同意，因而违反了COPPA规则。据称，YouTube通过使用cookie向儿童频道的观看者投放定向广告来获得数百万美元的收入。

除了罚款之外，拟议的和解方案还要求Google和YouTube开发、实施和维护一个允许频道所有者在YouTube平台上标识其面向儿童的内容系统，以便YouTube可以确保其符合COPPA法案的要求。此外，公司必须通知频道所有者，其面向儿童的内容要遵守COPPA规则的义务，并为与YouTube频道所有者打交道的员工提供有关遵守COPPA的年度培训。

该和解协议还禁止Google和YouTube再次违反COPPA规则，并要求他们在收集儿童的个人信息之前提供有关其数据收集行为的通知并获得可验证的父母同意。

②TikTok被FTC处罚案件

2019年2月，FTC宣布对音乐短视频应用Musical. ly（现称为 TikTok①）罚款 570 万美元，因其非法收集儿童个人信息，违反了儿童在线隐私保护法。

2019 年 2 月 28 日，FTC 官网发表公开声明宣布与 Musical. ly 达成和解，当日公开的诉讼中，指控 Musical. ly 违反了 COPPA 法案的以下条款：

——未能在其网站上显示在线收集的儿童信息、如何使用信息、如何披露的通知；

——未能直接通知家长；

——在收集儿童的个人信息之前未能得到父母的同意；

——未能履行父母要求删除所收集的儿童个人信息的要求；

——存储个人信息超过合理必要的时长。

除罚款外，TikTok 还需销毁和解令生效时未满 13 周岁，以及被收集时未满 13 周岁的用户账户信息；和解令生效一年内，TikTok 需要向 FTC 汇报包括网站上所有版本的隐私声明，与家长和儿童沟通的记录等信息，并且需在和解令生效 10 年内进行记录，并保留记录 5 年，诸如收集了哪些儿童个人信息以及如何收集、适用、存储、披露这些信息的说明等等。②

③玩具制造商伟易达被 FTC 处罚案件

曾指控智能玩具制造商伟易达（VTech），FTC 递交的诉状称，一些伟易达电子玩具使用的应用程序 Kid

---

① 2017 年 11 月，字节跳动公司收购 Musical. ly，2018 年 8 月，TikTok 和 Musical. ly 正式合并。
② FTC 网站：https://www.ftc.gov/system/files/documents/cases/musical.ly_proposed_order_ecf_2-27-19.pdf。

Connect App 收集了成千上万孩子的个人信息,并且该公司未能依据 COPPA 的要求,提供直接通知父母或获得父母同意的机制。FTC 还指控 VTech 未能使用合理和适当的数据安全措施保护其收集的个人信息。这是 FTC 发起的首起涉及联网玩具的侵犯儿童隐私的案件。2018 年年初,FTC 与伟易达香港总部以及其美国分公司达成和解,伟易达支付 65 万美元民事罚款,此外,还需遵守 COPPA 的规定,以及要实施一项全面的数据安全计划,在未来的 20 年中每隔一年就要进行一次独立第三方审查等条件。①

由上述几个案件可以看出,美国 FTC 对于儿童个人信息的网络保护采取了很严厉的监管态度,其不仅强调了对于监护人的身份的验证,更注重对于儿童个人信息收集时的监护人的可验证同意的合规,并且,对不遵守 COPPA 法案的行为进行了较为严厉的制裁,具有一定的威慑力。

2. 欧洲

(1) 欧盟

欧盟发布的《一般数据保护条例》(*General Data Protection Regulation*,以下简称 GDPR)于 2018 年 5 月 25 日正式生效,尽管其颇具争议,有学者认为 GDPR 对于数据的保护过于严苛,使得互联网企业在欧洲的合规成本过高,而可能阻碍欧洲互联网产业的发展。

---

① 美国联邦贸易委员会网站:https://www.ftc.gov/news-events/press-releases/2018/01/electronic-toy-maker-vtech-settles-ftc-allegations-it-violated。

但其内容广泛而翔实,其对儿童数据保护也首次进行了特殊的保护。其前言部分的第 38 条指出,由于儿童对个人数据方面的侵害风险、潜在损害、保障措施及个人权利均缺少了解,因此应当特别保护。GDPR 对于儿童个人信息的保护问题没有设专门的章节,相关条文散见于整部条例。

首先,GDPR 首次规定了对儿童个人信息进行保护的原则,即针对 16 周岁以下的儿童收集其个人信息时,需要征求儿童监护人的同意或者授权(GDPR 第 8 条)。同时,GDPR 还给予了成员国一定的立法自由度,成员国可以规定较低的年龄,但是不得低于 13 周岁。

其次,数据控制者应当以适宜的方式向儿童提供信息,即数据控制者对于用户的个人信息应当通过简单、清楚、明确的语言,采取合适的方式向数据主体提供,特别提出"尤其是关于儿童的任何信息",以便于儿童的理解。

再次,GDPR 规定了针对儿童数据的被遗忘权。GDPR 在前言中指出,"被遗忘权"特别适用于儿童数据,即强调对于儿童个人信息的特殊保护。其考量主要是,在儿童小于 16 周岁时,其个人信息被收集情况的控制权掌握在其监护人手中,当儿童大于 16 周岁以后,此时他已经完全有能力控制其个人信息被收集和使用的情况,因此,恢复给其小于 16 周岁之前被收集信息的被遗忘权。意即,若儿童在 8 周岁的时候留在服务提供者服务器上的信息,待其过了 16 周岁以后,其拥有选择是否删除 8 周岁时数据的权利。

最后，GDPR 强化了禁止自动化处理儿童数据。该特殊保护，尤其应适用于以营销、存在用户标签或直接收集儿童信息等情形。

（2）英国

2020 年 8 月，英国信息专员办公室（Information Commission's Office，以下简称 ICO）发布了《适龄设计准则：在线服务实业准则》（*Age Appropriate Design Code: A Code of Practice For Online Services*），2021 年 9 月 2 日，该准则全面生效，该准则是 ICO 针对在线服务提供者处理 13 周岁以下用户个人信息所制定的规范，系"全球首部专门针对儿童进行适龄设计的数据处理行为规范标准"[1]。该准则明确了儿童个人信息保护的十五项具体标准，促进为儿童提供网络服务的机构合规运营。该十五项标准涉及透明度要求、默认设置要求、数据共享要求等各方面，也包括提到禁止使用轻推技术（Nudge techniques）诱导或鼓励儿童提供非必要个人数据，构建了儿童个人信息保护全套标准。

3. 澳大利亚

2021 年 10 月 25 日，澳大利亚发布《在线隐私保护法案（征求意见稿）》，并就该法案在 2021 年 12 月 6 日前向社会公开征求意见。该法案的一项重点即加强对儿童和弱势群体个人信息的保护，要求社交媒体

---

[1] DPO 社群：《英国 ICO〈儿童适龄设计准则：在线服务实业准则〉全文翻译之二》，载微信公众号"网安寻路人"，2022 年 2 月 8 日访问。

采取"一切合理措施"核实用户年龄,并要求在处理(包含收集、使用或披露)16周岁以下儿童的个人信息前,应取得监护人的明确同意。将16周岁设置为特殊保护门槛,体现了澳大利亚的高要求,相比之下,多数国家的未成年人特殊保护的门槛设置为13—14周岁。"一旦《在线隐私保护法案》成为法律,澳大利亚将成为社交媒体年龄控制最严格的国家之一。"① 并且若要求社交媒体采取"一切合理措施"核实用户年龄,且执法较为严格,则企业在澳大利亚的合规成本也将会极高。

(二)国内儿童个人信息保护相关立法与行业现状

1. 立法历程

中国对于个人信息保护的立法起步较晚,对儿童个人信息保护也缺乏专门的保护机制。1991年的《未成年人保护法》(以下简称为《未保法》)中,第三十条提到了"任何组织和个人不得披露未成年人的个人隐私",由于时代所限,当时《未保法》的制定并没有关注到未成年人的个人信息保护。《未保法》2006年的修订中,第三十九条提到了未成年人隐私保护的问题,并提到对于未成年人电子邮件的隐私权保护,表明中国立法者将目光初步注意到了对于未成年人网

---

① 《全球平台经济再迎强监管,澳大利亚〈在线隐私保护法案〉呼之欲出》,载微信公众号"21世纪经济报道",2022年2月8日访问。

络隐私权益的保护，是较之前的一大进步。但是总体而言，该次修法还是主要关注未成年人的线下保护问题，就未成年人网络个人信息保护的关注整体来看，仍存在较大不足。

2012年12月全国人大常委会发布的《关于加强信息保护的决定》、2015年7月全国人大常委会发布的《网络安全法》、2017年3月全国人民代表大会发布的《民法总则》，2020年5月全国人大公布的《民法典》等陆续立法开启了中国个人信息保护的新一轮高潮。《民法典》中在人格权编第六章为隐私权和个人信息保护，并在其中明确提出，"自然人的个人信息受法律保护"，"个人信息中的私密信息，适用有关隐私权的规定；没有规定的，适用有关个人信息保护的规定"。《民法典》突出了对于个人隐私性信息的保护，并且为个人信息保护专门立法留出空间，但关于儿童个人信息保护，也并没有作出专门的规定。

国家广播电视总局于2019年公布实施的《未成年人节目管理规定》重点关注了未成年人隐私的问题，提出未成年人节目管理工作应注重保护尊重未成年人的隐私和人格尊严等合法权益（第四条），节目制作过程中，"不得泄露或者质问、引诱未成年人泄露个人及其近亲属的隐私信息"（第十三条），由于该部门规章的规范对象包括网络视听节目，因此该规定实际上是对于网络隐私问题进行了较为突出的关注。

2021年11月1日正式实施的《个人信息保护法》

是个人信息领域的基本法律,明确了个人信息权益、信息处理者的义务、监管机构的职权等,构建了系统化的个人信息保护体系。根据第二十八条的规定,将不满十四周岁的未成年人的个人信息认定为敏感个人信息,则应适用关于敏感个人信息的收集、处理规则。并在第三十一条中进行着重强调,个人信息处理者处理不满十四周岁未成年人个人信息时,应当取得未成年人的父母或者其他监护人的同意。应当制定专门的个人信息处理规则,显示出中国在个人信息专门立法中对儿童个人信息保护的重视。

此外,近几年制定和出台的未成年人保护相关的法律法规规范,也更多地关注了未成年人网络空间权益,个人信息也成为其中重要的关注部分,设立专条、专章以及即将出台专门的条例进行规范。

(1)《未成年人保护法》与《预防未成年人犯罪法》

2020年10月,全国人大常委会修订通过了《未成年人保护法》,并于2021年6月1日起实施,本次修法重点关注了未成年人网络保护中的各类问题,其中总则第四条提出,处理未成年人事项应保护未成年人隐私权和个人信息,并且值得注意的是在第五章专章提出"网络保护"其中主要是对个人信息处理者以及网络服务提供者提出较为明确的要求,个人信息处理者通过网络处理未成年人个人信息时,应当遵循合法、正当、必要的原则,征得未成年人、父母或者其他监护人同意,规定了未成年人对其个人信息的更正、删除权(第72条),网络服务提供者对未成年人通过网络发布内容的保护措施等（第73条）。

此外，2020年12月26日，全国人大常委会修订通过了《预防未成年人犯罪法》并于2021年6月1日起实施，其中第三条也特别规定了，在开展预防未成年人犯罪等工作时，应当"尊重未成年人人格尊严，保护未成年人的名誉权、隐私权和个人信息等合法权益"。

本次修法，在未成年人常规保护和预防未成年人犯罪方面，都以法律的形式对未成年人网络个人信息进行充分重视，显示出了立法者关注未成年人网络空间权益的倾向。

（2）《儿童个人信息网络保护规定》

2019年8月22日，国家互联网信息办公室发布了《儿童个人信息网络保护规定》，并于2019年10月1日正式生效实施，这也是中国第一部专门规定儿童网络个人信息保护的法律规定。

《儿童个人信息网络保护规定》全面规定了在互联网上收集、存储、使用、访问、委托第三方处理、转移、披露儿童个人信息的规定和要求，并对儿童年龄、适用范围、监护人责任、行业自律、检查配合、举报投诉、责任条款等进行了详细的规定。

在适用范围上，该规定适用于在中华人民共和国境内通过网络从事收集、存储、使用、转移、披露儿童个人信息的主体，意即"只要App事实上实施了相应的处理儿童个人信息的活动"[①]，均应当遵守该规

---

① 王洁：《〈儿童个人信息网络保护规定（征求意见稿）〉评析：与美国COPPA对比的视角》，载微信公众号"网安寻路人"，2019年8月19日访问。

定。因此作出了与美国 COPPA 法案专门规定面向青少年的 App 不同的规定。

《儿童个人信息网络保护规定》将儿童的年龄界定为 14 周岁以下，针对儿童个人信息的收集、存储、使用、访问、委托第三方处理、转移、披露等过程做了全周期的保护。在儿童个人信息的收集、使用方面，规定了即网络运营者应当遵循正当必要、知情同意、目的明确、安全保障、依法利用的原则，应设置专门的儿童个人信息保护规则和用户协议，要求专人负责儿童个人信息保护，并强化了儿童监护人的同意。此外，还确定了国家互联网信息办公室进行约谈以及罚金，甚至责令暂停相关业务、关闭网站、吊销相关业务许可证或者吊销营业执照等惩罚措施，是中国在儿童个人信息保护领域的一步积极探索。

2. 中国儿童个人信息网络保护方面的行业现状

目前，国内各类主流 App 都已经依据《网络安全法》《个人信息保护法》《儿童个人信息网络保护规定》等法律法规对未成年人或儿童个人信息网络保护设立了特别条款。一般是要求未成年人用户在阅读用户协议或隐私政策时在监护人陪同之下，并取得监护人同意；若平台在不知道是未成年人的情况下收集了未成年用户信息会予以及时删除，在必要最小化的程度下使用未成年用户信息。

如微信 App，就在隐私政策中专门规定了未成年人保护的一节,① 此外还专门规定了《儿童隐私保护声明》,针对儿童个人信息如何被收集、使用、共享、转移、披露、存储、管理等进行了详细规定,设置专门的儿童个人信息保护规则和用户协议,这是各互联网公司落实《儿童个人信息网络保护规定》的重要举措。但中国关于获得儿童监护人可验证的同意仍没有详细的规定和指引。

除此之外,中国检察机关也在为儿童网络个人信息保驾护航,通过职权公益诉讼的方式,取得了良好的效果。2021年3月,浙江杭州余杭区检察院就起诉北京某公司侵犯儿童个人信息民事公益诉讼案办结,此案被称为"未成年人网络保护民事公益诉讼第一案"。该案中,余杭区检察院认为该公司App运营中,在儿童账户注册、儿童个人信息的收集、存储过程中,未以显著、清晰的方式告知并征得儿童监护人的有效明示同意,并且向用户推送含有儿童个人信息的短视频,未采取技术手段对儿童信息进行专门保护,后余杭区检察院向杭州互联网法院提起民事公益诉讼。诉讼期间,该公司积极配合检察机关进行整改,对其App在儿童用户注册、儿童个人信息收集、存储、使

---

① 下面一段摘自2020年3月23日的微信隐私政策:"我们非常重视对未成年人个人信息的保护。根据相关法律法规的规定,若你是18周岁以下的未成年人,在使用微信服务前,应事先取得你的家长或法定监护人的书面同意。若你是未成年人的监护人,当你对你所监护的未成年人的个人信息有相关疑问时,请通过第10节中的联系方式与我们联系。特别地,若你是14周岁以下的儿童,我们还专门为你制定了《儿童隐私保护声明》,儿童及其监护人在为14周岁以下的儿童完成账号注册前,还应仔细阅读腾讯公司专门制定的《儿童隐私保护声明》。只有在取得监护人对《儿童隐私保护声明》的同意后,14周岁以下的儿童方可使用微信服务。"

用、共享及儿童网络安全主动保护等方面细化了34项整改措施，明确整改措施落地时间表，① 最终与检察院达成和解。目前看来，检察机关通过探索公益诉讼的方式推送平台企业加强未成年人个人信息保护，起到了良好的效果，有望推动行业的整体进步和发展。

总体而言，中国基于行业发展与儿童保护协调的原则，在规则设置方面，也进行了均衡考量，避免给企业造成难以承受的合规成本，目前大体形成了较为良性的互动发展状态。在未成年人网络个人信息保护方面，由于国家政策、法规层面的重视及检察机关、执法机关的努力，中国社会目前大体形成了关注儿童的舆论氛围，中国互联网平台大都会对于儿童个人信息进行特殊强化保护。

（三）理论分析：儿童网络个人信息保护的定位与原则

在个人信息保护领域，最早的对个人信息保护的一些原则滥觞于美国1973年提出的公平信息实践（Fair Information Practices），该实践原则最开始主要用于保护计算机数据库处理个人信息时的隐私保护问题。随后的几年，公平信息实践的原则被"隐私保护学习委员会"扩展至八项，即保护个人信息应该坚持公开

---

① 《全国首例未成年人网络保护民事公益诉讼案办结，强化儿童个人信息网络保护》，载最高人民检察院百家号，https://baijiahao.baidu.com/s?id=1694465019574557100&wfr=spider&for=pc，2022年2月8日访问。

原则、个人访问原则、个人参与原则、收集限制原则、使用限制原则、披露限制原则、问责原则。这一原则的提出对后续的美国和欧盟的个人信息或隐私保护的立法产生了深远的影响。

因此，目前对于个人信息保护的基本理念都是继承了美国最早的公平信息实践的一些理念，包括但不限于：个人信息与非个人信息的分类规制，知情同意原则的适用，用户对其个人数据的控制等。在儿童个人信息保护的领域，除了要坚持对个人信息保护的一般原则，还应针对儿童主体把握不同的定位，确定独特的保护原则。

1. 儿童网络个人信息保护的定位

儿童个人信息保护制度主要定位在两个方面：一是个人信息的特殊保护；二是儿童个人信息的强化保护。

定位一：儿童个人信息的特殊保护

儿童作为限制民事行为主体，在其世界观、人生观、善恶观等都在培育和养成的过程中，更容易受到影响，而且信息泄露会造成更大的危害，儿童个人信息的特殊保护，主要体现在儿童主体的特殊性上，不管是美国 COPPA 法案将儿童规定为 13 周岁以下，还是联合国将儿童规定在 18 周岁以下，儿童主体始终因为其心智尚不成熟，没有完全的民事行为能力而成为法律保护的对象。因此，各国法律针对这一现象，不约而同地采取了对儿童个人信息收集的监护人同意制度，并将儿童个人信息都列入敏感信息的类型，而且在保护方式上给予与一般成年人个人信息的特殊保护。

定位二：儿童个人信息的强化保护

对儿童个人信息进行强化保护的主要原因是，一旦儿童的个人信息遭到泄露，其面临的风险强于成年人信息泄露可能带来的风险。以地理位置为例，成年人的位置信息似乎谈不上是其敏感信息，但是对于一个儿童或者未成年人这样的特殊主体来说，其实际的位置信息被泄露急剧地加大了儿童的人身安全风险。另外，儿童个人信息的强化保护在于如今互联网世界的信息能极大地塑造儿童的"数字人格"，就像很多成年人忘不了自己的童年一样，"网络原住民"也会深深地打上小时候接收到的信息的烙印，这也是欧盟GDPR反对对儿童进行自动化推送的原因，防止个性化推荐算法过早地影响儿童完整的数字人格的形成，防止儿童的信息偏食情形出现。

2. 儿童网络个人信息保护的原则

原则一：强化的知情同意原则

与成年人的知情同意原则不同，数据控制者或数据处理者在收集、使用儿童个人信息时，不是直接取得数据主体的同意，而是需要获得数据主体的监护人的授权或同意，这在不同国家的立法例中都成为核心条款。

如美国的COPPA法案规定，网络运营商在收集、使用或披露儿童个人信息之前必须通知其父母并且取得可验证的同意。并且，即使先前已经征得家长同意，但若收集、使用、披露的方式有重大改变时，须再次征得家长的同意。欧盟的 GDPR 第八条规定，在处理 16 周岁以下未成年人的个人数据时，必须获得监护人的同意，并且证明该"同意"的举证责任在于数据控制者。中国《儿童个人信息网络保护规定》第九条规定，网络运营者收集、使用、转移、披露儿童个人信息时，应当以显著、清晰的方式告知儿童监护人，并应当征得儿童监护人的同意。

尽管监护人同意已经成为儿童个人信息保护的必备条款，但是如何识别儿童、如何确定儿童和监护人之间的真正监护关系、如何获得监护人的同意或授权依然面临着很多疑问。

原则二：多方主体协同保护

多方主体协同保护原则，是指互联网时代的儿童个人信息保护不再是哪一方的可以单独完成实施的，需要政府、社会、互联网平台、家庭、学校等各方主体的协同保护才能达到最好的效果。2020 年修订的《未成年人保护法》规定了未成年人保护总体上主要包括家庭保护、学校保护、社会保护、网络保护、政府保护、司法保护六个方面的制度，在未成年人保护的多方主体协同了保护理念。

而在儿童个人信息保护领域，也需要强调多方主体协同保护。如在儿童个人信息收集、处理环节，需要数据控制者、数据处理者对儿童进行特殊保护，而在收集、使用儿童个人信息之前，必须获得其监护人的同意。另外，家长、学校也需要进一步提高自身媒介素养，更多关注儿童的网络行为，为儿童提供沟通、引导、帮助，提高儿童保护其个人信息的意识。最后，政府也应该强化对儿童个人信息保护的立法、执法、司法和法律教育的指引和宣传，和互联网平台、社会组织、家长、学校以及社会舆论一起共同打造利于儿童健康发展的数字未来。

原则三：权利保护与促进发展相结合

权利保护与促进发展相结合，是指对儿童个人信息进行保护的过程中，一方面需要强化对儿童隐私或儿童个人信息的保护，以达到预防儿童个人信息非法泄露或非法处理而侵害儿童的权益；另一方面，也不能因为过度保护儿童个人信息的权益，而损害了儿童其他方面的权利。

目前，无论是各国法律规定，还是网络平台的实践，大都是在强化了对儿童个人信息的法律保护，防止儿童信息泄露造成的侵害，当然这是儿童权利保护的最重要一环。

但与此同时，也需要注意保护儿童在网络世界的参与权。联合国的《儿童权利公约》作为第一部有关保障儿童权利且具有法律约束力的国际性约定，公约在强化对儿童保护的同时，也在整个公约中确立了生存权、发展权、受保护权、参与权等儿童基本权利。中国于1991年加入该公约，并将相关内容写入《未成年人保护法》，规定"未成年人享有生存权、发展权、受保护权、参与权等权利"。

在对儿童进行保护时，放在第一位的始终是儿童权利的保护，而在此之后，也应在适当的尺度内保护儿童对于网络世界的参与权，允许儿童适当合理的通过网络认识世界、扩宽视野、发展自我，不能因噎废食，彻底地阻断儿童对网络空间的需求。这不仅是前互联网时代儿童保护应该坚守的原则，也是移动互联网时代，更好地培养儿童的网络素养，让中国儿童天然地跟上新科技的发展潮流的要求。

儿童网络个人信息保护已经是由来已久的全球问题，由各国立法的脉络也可以看出立法者越来越关注，这种倾向和趋势在未来一定也会更加明显，因此构建面向国际，面向未来的儿童网络个人信息保护制度成为大势所趋。近几年中国的相关立法或者立法计划，从《儿童网络个人信息保护规定》到《未成年人网络保护条例》再到《未成年人保护法》等也都显示出了对儿童网络空间权益的重视。

已经实施的《儿童网络个人信息保护规定》也将成为一个起点，在未来需要保护儿童权益的基础上也注重儿童在网络空间的发展权与参与权，注重各方主体的协同保护，并平衡个人信息保护与企业发展，必将任重而道远。

三　未成年人网络社交内容治理研究

刘晓春　姜瀚[*]

近年来，网络社交领域[①]涉及未成年人保护的案件和公共事件频发，舆情民意呼唤在网络社交领域建立和完善有效的未成年人保护体系、针对网络社交信息进行内容生态治理。本篇将从未成年人网络社交的特点、所面临的风险、中国网络社交领域治理的现状出发，明确互联网空间社交领域的语境和特征，并以此为基础，为当下网络社交领域的内容治理提出政策建议。

（一）未成年人网络社交的特点

作为信息时代一种重要的社会交往形式，平台化的网络社交具有传统社交形式所具备的"直接架构人际关系"的性质，且不必依托某种经济交换方式作为

---

[*] 刘晓春，中国社会科学院大学互联网法治研究中心执行主任。姜瀚，中国社会科学院大学互联网法治研究中心研究助理。

[①] 广义的网络社交包括了基于互联网技术实现的所有人际信息交互，狭义的网络社交则特指依托于社交应用或社交平台实现的人际互动，本篇中的"网络社交"均指后者。

中介或基础。因此，未成年网民虽然在现实社会中无法独立生存，但在互联网领域则具有与成年网民完全平等的主体地位。由于互联网空间的平等性，网络社交这一领域在未成年人保护体系中占据了特殊的地位。

首先，未成年人广泛参与网络社交。截至2019年，中国未成年网民达1.75亿人，未成年人互联网普及率达93.1%。2020年新冠肺炎疫情期间，网络社交成为未成年人社交的新常态。截至2020年3月，中国网民即时通信类互联网应用的使用率为99.2%，在线教育类互联网应用的使用率达到46.8%。[1]

其次，网络社交具有即时性和便捷性。即时通信提供给用户的巨大便捷是互联网社交的基础，也是社交应用或平台的根本价值，为平台带来流量这一核心竞争力。

此外，网络社交平台的泛用性极强。相比其他"生产—消费"单向流动的网络生态，社交是人们接入互联网更基本的需求，因此社交平台的用户数量最为庞大，各级流量均富集于此。随着以QQ、微信等为代表的网络社交平台在实现文字聊天、语音通信等基本社交功能的基础上不断兼容各类其他功能，其已经成为多种消费、娱乐功能聚合、兼具多种网络应用导流入口、流量汇聚效果明显的超级网络社交平台。

---

[1] 参见中国互联网络信息中心（CNNIC）《2019年全国未成年人互联网使用情况研究报告》，http://www.cnnic.net.cn/hlwfzyj/hlwxzbg/qsnbg/202005/P020200513370410784435.pdf。

由于网络社交体量庞大，且具有即时性与泛用性，各种侵害未成年人权益的行为在其上更容易发生；而另外，又正是因为社交平台功能多样、用户复杂，这一领域更容易规避各种行政监管和建制力量。现实社会中固有的违法犯罪行为、不良信息传播行为等，在互联网空间会富集于大型网络社交平台中。

（二）网络社交领域的风险

未成年人网络社交保护体系需要回应多样的风险，因此必须分别采取有针对性的治理手段。依据成因和致害机制，本篇将社交平台上涉及未成年人的风险分为三类，即发展风险、网络受害风险和网络致害风险。

1. 发展风险

发展风险指未成年人参与网络社交时接触的活动或信息不利于其健康发展的风险。网络社交基于互联网平台，其用户组成与现实社会同样复杂，内容信息庞杂多样，存在一些固有的社会活动与类型化的网络信息。未成年人由于心智尚不成熟，判断力、自制力不强，因此接触、轻信乃至沉迷这部分活动或内容可能不利于其健康发展。这类风险致害的具体表现主要包括网络社交沉迷和网络不良信息（血腥、色情、暴力等）传播。

社交沉迷的成因同时包括了技术层面和社会层面的因素。在技术层面，网络社交的便捷性和社交平台各种"扩列"功能的日益强大,带来了强大的正反馈,也模糊了现实与网络的边界。在社会层面,中国长期推行独生子女政策,未成年人强社会关系的组成相对单一,因此更多地向网络社交寻求强社会关系联结。①

网络不良信息的传播是中国网络环境治理专项活动的主要打击对象,但对信息进行拦截和管制的政策在成效上往往不尽如人意。平台在公共空间可以设置关键词拦截、人工审核、奖励举报等过滤封禁机制,但对私聊进行监管和信息过滤则在技术上、成本上、法理上存在重重困难。现有条件下不良信息在社交平台上的点对点传播几乎无法实现有效监管,单一平台的封杀机制和黑名单机制也难以实现有力威慑。

2. 未成年人网络受害风险

受害风险指未成年人特殊保护缺位而产生的风险,即未成年人作为主要受害群体时的风险。这部分风险主要包括各种以未成年人为目标群体的网络犯罪,如网络性侵害、网络诈骗、儿童色情、未成年人隐私泄露等。这类风险能够致害主要是由于未成年人群体相对成年人更弱势,社会经验、判断力等也相对匮乏,犯罪分子更容易捕捉到可乘之机。针对这类风险的防范是未成年人保护的最重要一环,也是网络社交内容治理的题中之义。

---

① 田丰、李夏青:《网络时代青年社会交往的关系类型演进及表现形式》,载《中国青年研究》2021年第3期。

近年来，互联网的迅猛发展使得立法的滞后效应在网信领域更加明显，现有的未成年人网络保护在整体上显得力度不足。防范网络社交受害风险的难度较大，一方面是因为违法犯罪行为发生后被害人往往不敢声张，另一方面也是因为基于社交平台的交流私密性强，犯罪行为相对隐蔽，取证较为困难，且接到报警后定位犯罪分子的成本高，难以实施抓捕。

3. 未成年人网络致害风险

致害风险指在未成年人监督教育缺位而存在的风险，即未成年人作为主要致害因素时的风险。这部分风险主要包括基于社交平台的各类网络欺凌。这类风险能够致害主要是因为未成年人适应网络技术架构早于其适应社会一般行为规范，即未成年人在判断力和道德观念尚不成熟的情况下已经被互联网赋予了与成年人等同的话语权和行动力，并因此而具有了伤害能力，却无须承担法律后果。

网络欺凌包括"未成年人遭受欺凌"和"未成年人实施欺凌"两部分，前者多见于同学或玩伴等熟人关系中，后者同时见于熟人关系和陌生人关系中。2018年的调查显示71%的未成年人遭遇过网络欺凌，绝大多数欺凌行为发生在未成年人之间，富集暴力辱骂信息的最主要场景依次是社交软件、网络社区和直播平台。[1] 此外，涉未成年人的欺凌行为往往能在线上

---

[1] 参见共青团中央维护青少年权益部、中国社会科学院社会学研究所和腾讯公司联合发布的《中国青少年互联网使用与网络安全情况调查报告》。

线下相互转化，个别网络欺凌行为还会发展成恶性事件，对未成年人身心健康成长构成较大威胁。

（三）中国网络社交内容治理的现状

中国对网络空间信息内容的治理经历了由相对单一到体系化、由粗放到精细的发展过程。过去二十余年间，中国在法律法规的订立和执行、政府网信部门的监督和平台的监管等各方面都进行了探索，在实践中遇到的问题也都反映在了前沿的立法中。本部分将就中国在网络社交内容治理实践中形成与不断完善的法律法规体系、监管体制以及目前仍存在的问题进行分析。

1. 现有法律法规体系

中国对网络空间信息内容的治理伴随着互联网本身的兴起而生，2000年颁布的《互联网信息服务管理办法》中就明确了网络信息内容制作、复制、发布、传播的"九不准"作为网络信息内容治理的主要依据，为此后更加精细的内容生态治理提供了基本遵循。2020年开始施行的《网络信息内容生态治理规定》（下称《治理规定》）则在"九不准"的基础上对网络信息内容进一步作了划分，明确了七类正能量信息、十一类违法信息和九类不良信息，并对网络信息内容服务平台中重点环节的版面页面生态管理标准进行了规定。

对于不良信息的治理是《治理规定》在内容治

方面的主要内容，《治理规定》第七条中对九类不良信息防范抵制的要求并非禁止性规定，而是仅在浏览量较大、流量富集的重点环节不得呈现。这是一种调节信息内容生态的强制限流手段，以期对过去十余年间不断恶化的网络环境加以整顿治理。

除网信部门的规章之外，作为上位法的《网络安全法》也要求网络信息服务提供者对用户发布的信息内容进行管理，发现法律法规禁止传播的信息时停止传输、采取消除等处置。[1] 在未成年人网络社交内容治理方面，《未成年人保护法》在网络保护专章中明确规定了危害未成年人身心健康信息的投诉举报机制，[2] 向平台配置了发现相应信息时及时采取删除、屏蔽、断开链接等行动的管理责任，[3] 并要求社交平台等针对未成年人设置时间管理、权限管理、消费管理等功能。

2. 现有监管体制

中国现有的网络信息内容监管延续了对传统媒体进行管理的方式和思路，同时也在不断调整以适应互联网领域的特点和变化。

在监管主体方面，中国的网络社交信息内容监管以政府为主，但呈现政出多门的局面：网信办统筹网络信息内容监管，新闻出版、工信、公安、电信、文

---

[1] 《中华人民共和国网络安全法》第四十七条。
[2] 《中华人民共和国未成年人保护法》第七十九条。
[3] 《中华人民共和国未成年人保护法》第八十条。

化、市场监督管理、广播电视等各监管部门积极配合，按照网络产品与服务的领域、违法/不良信息的内容进行垂直监管。① 随着网络信息服务的不断发展和网络空间与现实社会的深度融合，现有的"九龙治网"模式显得左支右绌。因此，2020年发布的《治理规定》在网信内容生态治理上强调了网络监督和举报机制的建立与完善，并要求平台建立网络信息内容生态治理机制，健全信息处置制度，即建成政府部门、行业组织、网信服务平台和普通网民都参与其中的多元主体内容治理模式。②

在手段方式上，中国网络社交信息内容监管延续了对大众传媒的管理方式，即以行政准入（许可、备案、资质审查、实名认证等）与日常监管为主要手段。③ 在网信系统内部，现行的行政执法督查制度要求相关网信部门对违法内容进行行政执法后，接受来自上级网信部门对下级网信部门实施的行政执法督查，而《治理规定》则在这一督查制度的基础上提出了网信内容治理常态化的目标，要求各级网信部门会同有关主管部门，建立健全信息共享、会商通报、联合执法、案件督办、信息公开等工作机制，协同开展网络信息内容生态治理工作。④

---

① 参见《关于进一步深化文化市场综合执法改革的意见》，国务院办公厅2016年4月4日发布。
② 《网络信息内容生态治理规定》第三十三条。
③ 参见《即时通讯工具公众信息服务发展管理暂行规定》第七条、《互联网用户账号名称管理规定》第五条等。
④ 参见《网络信息内容生态治理规定》第三十条。

近年来，在网络信息内容治理的实践中，有关部门也不断推动落实主体责任，发现违法信息发布传播后会根据情况的严重程度依法采取警示、限制发布或暂停发布、暂停更新、关闭账号、吊销许可证等处置措施。此外在技术方面，网信办发布的《具有舆论属性或社会动员能力的互联网信息服务安全评估规定》也提出要对信息服务提供者的安全管理制度和技术措施落实情况及风险防控效果等进行安全评估，并通过未成年人模式的设置落实了《未成年人保护法》中要求网络服务提供者设置未成年人专门管理的规定。在此基础上，约谈等带有软法色彩的规制工具以及黑名单制度、信用体系建设等基础性行业自律规则，在中国现阶段的网络信息内容治理——尤其是社交平台公共空间内容治理——的执法环节中，也都具有广泛的应用。

3. 网络社交领域监管不足

网络社交领域实时通信、信息交互量庞大、搭载功能模块多的特点决定了亦步亦趋的监管势必落后于社会变化，因此现有的内容治理模式在实践中仍存在多头监管协作困难、专题治理后继乏力等问题。

中央及地方网信部门虽然是中国网络信息内容监管的主体，但地方网信部门的机构人员配置不足，网络信息内容监管的权限却长期分散在各个部门的职权中，使得中国网信内容监管责任条块分割，治理主体显得杂乱而缺少统筹。在具体问题上，部门之间容易出现双重执法或推诿扯皮的现象，难以形成监管合力。因此在实践中，针对网信内容重要领域和重大问题的治理往往是由多部门相互配合进行的专项治理行动，以此提高监管的效率和质量。

专项行动式内容治理允许工作组在较短的时间内最大限度地调集人力物力，可以实现对全平台或全网范围内的特定业务进行审查和整顿。许多专项行动也已经转化为了多部门长期合作、定期开展的联合执法行动，如扫黄打非"护苗"行动[1]、打击网络侵权盗版专项治理"剑网"行动[2]等。然而网络社交内容治理是一条战线，需要在重要领域布置长期对网络社交行为进行识别和处理的规制力量；仅仅依靠专项治理行动，规制效果往往限于一时，行动热度一过则规制力量就会显得捉襟见肘。

平台的监管是网络社交领域最主要的直接力量，但社交领域的即时通信在每一单位时间内都有体量庞大的信息交互，且由于社交平台位处流量上游，这些交互的信息在内容和形式上都纷繁复杂，牵涉各种跨平台跨领域的业务和用户。因此，不同于其他以平台监管为主攻方向的内容治理领域，网络社交领域内容治理（如打击网络诈骗、网络色情、网络霸凌）的规制对象在时间和空间上呈现出高度的分散性。就未成

---

[1] 参见《护苗更育苗——"护苗2019"专项行动综述》，载中共中央网络安全和信息化委员会办公室网站，http://www.cac.gov.cn/2019-12/30/c_1579243399501269.htm。

[2] 参见《"剑网2019"专项行动成效显著》，载中共中央网络安全和信息化委员会办公室网站，http://www.cac.gov.cn/2019-12/28/c_1579070935597031.htm。

年人保护而言，目前大型网络社交平台的策略是搭建专门的未成年人场景以实现内容管理，但一方面未成年人自身往往不希望受到约束，另一方面平台受限于收集用户信息的合规化要求，不能强制收集未成年人的个人信息，因此未成年人模式的普及程度较为有限。

（四）网络社交内容治理的对策建议

互联网不是法外之地，但保护未成年人不等于让整个网络空间去适应未成年人的心智和需求。尤其在网络社交领域，未成年人心智和认识能力的不足应当体现在未成年人网络空间行为能力的限制上。域外存在通过立法倒逼社交平台限制用户注册年龄的法治实践，[1] 在网信办指导下，中国各大网络视频平台、社交平台等也纷纷开发未成年人模式，[2] 因此实践中并不缺少未成年人保护各个方向上的探索。结合域内外法治实践的探索，本部分基于前文指出的风险类型和中国的治理现状提出政策建议。

1. 针对未成年人发展风险

发展风险所包含的网络社交活动以及网络社交信息都无法以直接损害的方式对未成年人造成损害，事

---

[1] 如美国的《儿童在线隐私保护法》、欧盟的《数据保护通用条例》等，均就对未成年人提供服务的网站和在线服务运营商作出了限制和要求。

[2] 参见《立足青少年成长 构建全面防沉迷协作系统》，载国家互联网信息办公室微信公众号"网信中国"，2019年5月28日。

实上这些活动和信息对于有足够判断力、自制力的成年网民来说并不属于风险。发展风险可能导致未成年人轻信与沉迷的根本原因，是网络社交中缺少对特定社交主体所接触的社交信息进行区分的机制，优化未成年人模式的可行性较高。

首先，由政府牵头建立第三方平台，经过核验提供未成年人认证信息并定期更新，社交平台以认证信息为准进行实名上网。实名上网是未成年人特殊保护的基础，也是托底约束未成年人网络社交行为的基础，其能够同时回应未成年人的发展风险、受害风险和致害风险的治理需求，因此系统化地推进未成年人身份识别认证、落实实名上网是网络社交领域未成年人保护中最重要的环节。

其次，主流社交平台设置专门的未成年人模式或未成年人场景，对持有未成年人认证的用户默认开启。该模式应当在最低限度收集用户数据的条件下，对未成年人网络社交的时长和访问申请等进行限制。该模式的内容治理包括隔绝风险信息，也包括有针对性的优质内容产出，如设置未成年人专属内容池，有针对性地提供高质量科学技术、人文地理、哲学社会科学知识普及内容等。此外，未成年人群体内部伴随年龄有着显著的偏好分层，这一点应当得到平台服务提供者的重视，并有必要在未成年人模式中设置分年龄段推送筛选专属内容池内容功能。未成年人模式不是"婴儿模式"，以吸引规制并重的方式代替单一的限制，不仅能提高未成年人接触风险活动、风险信息的门槛，更能增强未成年人模式中优质信息对未成年人的吸引力，使其不再被迫接受未成年人模式而是主动选择未成年人模式。

最后，在未成年人模式下，可将未成年人账号的一部分管理权配置给监护人，以由监护人输入未成年人模式独立密码的方式或远程许可的方式授权未成年人账号使用该模式以外的功能、访问该模式以外的内容或延长网络社交平台的使用时间等。

2. 针对未成年人网络受害风险

未成年人受害风险的本质是未成年人在心智、判断力、自制力等方面存在不足，易于被犯罪分子乘虚而入。应对受害风险，除完善法律法规，加强执法力度和监管打击力度外，还应当贯彻对未成年人特殊保护的原则。同时，对未成年人的特殊保护应当兼顾未成年人的受保护权、发展权和参与权，一方面要避免切断未成年人正常用网、接触新信息的渠道，另一方面也要保障未成年人群体在涉及未成年人权益平台规则的制定过程中发声的权利。

在上述实名上网进行未成年人认证并设置未成年人模式的基础上，由网信办牵头，政府部门、学校、平台多方协作，加强未成年人普法教育、防诈骗教育、性教育、自我保护教育。平台方面除尽到风险提示义务之外，应当在保护未成年人隐私权、保证未成年人参与权的基础上，对与未成年人进行网络社交的成年人账号进行智能监管和信息数据备份，并在未成年人模式中设置危险关键词拦截和警告机制，同时尽量避免平台采取"一刀切"关闭未成年人社交正常功能的做法。

建立跨平台联动机制，平台间共享侵害未成年人权益黑名单，并在长期战线上展开全领域内容治理，对跨平台、线上线下协作的侵害行为进行整治打击和联防联控。在网信监管部门的监督和规制下，社交平台间共享用户实名注册信息和用户信用评价信息。对于跨平台协作中各大主流平台根据显著危险行为划分出的风险账号及账号持有者，应当纳入社会信用体系中，采取失信惩戒处理措施。

3. 针对未成年人网络致害风险

未成年人致害风险的本质是现实社会中学校教育、家庭教育、社会教育的缺失，导致未成年人侵害他人的直接原因是未成年人在适应社会行为规范、实现社会化过程之前的限制网络空间行为能力时期被赋予了完整的网络空间行为能力。

通过学校和网络社交平台对未成年人加强教育引导，并设立欺凌举报机制等，实现对未成年人欺凌行为的批评教育和对监护人的追责，并基于技术手段，对涉及未成年人社交账号的异常行为进行监管。平台应当在未成年人模式中上线定期的心理状况调查，并对疑似遭到霸凌的未成年人用户进行追踪保护，对疑似实施霸凌的未成年人用户采取联系家校和公共领域发言限制等措施。

此外，网络社交平台应当对未成年人账号在公共领域的发言可见范围进行限制。在网络空间中，言论的影响力是不可控的，因此互联网空间的言论自由与现实社会的言论自由也不尽相同。未成年人在不能够为自己的言论负责的时期被赋予过于充分的言论自由不利于建设清朗的网络空间，也不利于未成年人的健康成长，因此平台方面有必要依据未成年人的年龄段认证对其公共领域的发言可见范围进行筛选。

四　未成年人网络音视频监管研究

张晓冰*

随着移动互联网及智能设备在中国的快速发展和普及，未成年人已成为网络一代、数字一代。截至2020年12月，中国网民规模达9.89亿人，其中10岁以下的网民占3.1%，10—19岁的网民占比为13.5%。① 在1.83亿的未成年网民规模中，使用手机上网的比例为92.2%，观看短视频的占比为49.3%，可见互联网对于低龄群体的渗透能力持续增强。② 20%的青少年"几乎总是"在看短视频，"每天看几次"的青少年接近10%，③ 每天使用短视频应用时长超过一小时的未成年人占11.1%。④ 事实上，以短视频为

---

* 张晓冰，中国青少年研究中心青年发展研究所副所长、副研究员。
① 中国互联网络信息中心：《第47次中国互联网络发展状况统计报告》，载中国互联网络信息中心网站，http://www.cnnic.net.cn/hlwfzyj/hlwxzbg/hlwtjbg/202102/P020210203334633480104.pdf，2021年5月25日访问。
② 共青团中央维护青少年权益部、中国互联网络信息中心：《2020年全国未成年人互联网使用情况报告》，载中国互联网络信息中心网站，http://www.cnnic.net.cn/hlwfzyj/hlwxzbg/qsnbg/202107/P020210720571098696248.pdf，2021年7月29日访问。
③ 共青团中央维护青少年权益部、中国社会科学院社会学研究所、腾讯公司：《中国青少年互联网使用及网络安全情况调研报告》，载央广网，http://tech.cnr.cn/techgd/20180531/t20180531_524253869.shtml，2020年2月29日访问。
④ 中国青少年研究中心：《中小学生短视频使用特点及其保护》，载中国青年网，http://news.youth.cn/sh/202011/t20201104_12560088.htm，2021年5月25日访问。

主的音视频之所以能在未成年人群体中广泛流行，与其垂直化、分众化的特征密不可分；此外，内容生成方式简单、生成速度快、社交属性极强等特点均加强了未成年用户的粘性，从以往的图文阅读转向视觉和情感刺激恰好契合这一代"网络原住民"的喜好，在信息爆炸时代，刺激越大、爆发力越猛、即时性越强，越能满足需求。

然而，未成年用户能否有效甄别音视频的内容？中国少先队事业发展中心的调查显示，32.9%的未成年人表示视频是不良信息传播的重要渠道。[1] 互联网持续而无节制地向未成年人渗透，可能会产生诸多不良影响。作为音视频的听者与观者，未成年用户可能面临如下困境：第一，一些音视频以标题党、未删减版等挑逗性语言为噱头，诱导未成年用户点击，如何确保他们能获得真正重要的信息？第二，一些音视频插播推销各种劣质产品，未成年用户如何加以甄别？第三，在视听体验层面，过度注重感官刺激使得焦虑、暴力、色欲等不健康信息充斥屏幕，助长用户的非理性情绪，导致过度娱乐、片面追求"视觉奇观"等感性欲求凌驾于世俗价值底线之上，[2] 流量时代不再需要技能，未成年用户的审美会大受影响，道德底线会不断崩坏，且容易出现模仿乱象。第四，平台依据观看

---

[1] 中国少先队事业发展中心等：《第八次中国未成年人互联网运用状况调查报告》，载中国教育网，http://www.edu.cn/zhong_guo_jiao_yu/zong_he/zong_he_news/201601/t20160106_1354669.shtml，2020年2月25日访问。

[2] 马涛、刘蕊绮：《短视频内容产业发展省思：重构、风险与逻辑悖论》，载《现代传播》2019年第11期。

轨迹了解用户趣味，进而利用算法加以控制，频繁推荐同类型的内容，未成年用户沉浸式的观看容易陷入上瘾的氛围之中。第五，未成年用户对著作权、知识产权等重要知识的掌握较少，且技术的革新降低了抄袭剽窃的门槛，他们可能会随意裁切和搬运他人作品，[1] 从而导致版权保护陷入混乱之中。

以上困境反映了音视频平台自身社会责任意识和算法推荐机制的不足，也有过度追求流量、整体市场混乱的产业因素，[2] 由此造成了音视频内容雷同化、垄断化、低门槛化，包括内容制作门槛低、平台推送门槛低等。[3] 那么，应该如何引导未成年人健康使用网络、如何监管音视频就成为迫在眉睫的问题。

（一）网络音视频监管基础及模式

音视频以视听化自我表达、群圈化分享推送、随时随地传播、碎片化时间观看[4]等特征吸引了大量未成年人，但其中不乏网络色情、弹幕粗口、网络暴力、网络不良信息等伦理失范及触犯法律的现象，因此，当务之急是加强音视频监管。近年来，中国网络音视

---

[1] 马涛、刘蕊绮：《短视频内容产业发展省思：重构、风险与逻辑悖论》，载《现代传播》2019 年第 11 期。
[2] 谢新洲、朱垚颖：《短视频火爆背后的问题分析》，载《出版科学》2019 年第 1 期。
[3] 吕鹏、王明漩：《短视频平台的互联网治理：问题及对策》，载《新闻记者》2018 年第 3 期。
[4] 韩丹东：《网络短视频管理新规发布行业或将面临重新调整》，载《法制日报》2019 年 1 月 14 日第 4 版。

频监管基本上形成了以政府为主的管制模式，并辅以一定的行业自律及民众参与。

1. 监管基础：以法律为边界

政府管制以法律为边界，其中最直接相关的便是新修订的《未成年人保护法》，该法新增了网络保护专章，对不同主体施加了相关义务。第一，政府层面，强调网络内容必须有利于未成年人健康成长，要求网信办及其他有关部门应当加强对未成年人网络保护工作的监督检查，确定可能影响未成年人身心健康网络信息的种类、范围和判断标准，定期开展预防沉迷网络的宣传教育，提高未成年人的网络素养。第二，网络音视频服务提供者层面，明确提出"应当针对未成年人使用其服务设置相应的时间管理、权限管理、消费管理等功能"，且应当建立健全投诉举报机制、显著提示机制，完善处置措施。第三，监护人层面，规定监护人负有通知义务、同意义务，加强对未成年人使用网络行为的引导和监督。第四，任何组织或个人层面，要求任何组织或个人不得通过音视频对未成年人实施侮辱、诽谤、威胁或者恶意损害形象等网络欺凌行为，网络服务提供者应采取删除、屏蔽、断开连接等措施，防止信息扩散。除此之外，《网络安全法》《关于维护互联网安全的决定》《关于加强网络信息保护的决定》也均对此有所涉及。简言之，未成年人网络音视频的监管应当符合以《未成年人保护法》为主的相关法律规定及价值导向。

2. 监管模式：以政府为主体

监管一般包括身份识别、内容治理、时间限制等内容。近年来政府各相关部门颁布了一系列部门规章，用以监管网络音视频的制作、发布、传播等事项，其价值取向政治化、监管方式制度化、监管内容日常化、处置措施多样化。

（1）价值取向政治化

中国网络监管的价值取向偏政治性，这体现在一系列文件中，如《网络音视频信息服务管理规定》《网络信息内容生态治理规定》等，总体思路均是要求平台在依法的前提下坚持正确的政治方向、舆论导向和价值取向，弘扬社会主义核心价值观，促进形成积极健康、向上向善的网络文化。整体而言，这些主张与中国坚持的政治方向是一致的，网络治理不可能走网络中立、技术中立的道路，未成年人网络音视频的监管亦不例外。

（2）监管方式制度化

政治化的价值取向决定了监管的制度化及其方向。最早的监管主体以原国家广播电影电视总局、新闻出版总署、文化部为主，经历了国务院机构调整等改革之后，现今的音视频监管主体包括网信、文化和旅游、广播电视等部门。第一批监管文件包括2002年原新闻出版总署、原信息产业部发布的《互联网出版管理暂行规定》，2003年原广电总局发布的《互联网等信息网络传播视听节目管理办法》，这些规定虽然均已失效，但当时创设的一些制度已经保留下来，比如许可证制度、禁止传播违法内容制度、节目审查制度、节目总编负责制、公众监督举报制度；在视频审查方面，文化部对进口视频实行内容审查制度，对国产视频实施备案制度，这种区别对待反映了对国产视频的支持和鼓励。到了2019年，中国发布了针对网络音视频信息服务管理首个专门管理规定《网络音视频信息服务管理规定》，细化了监管要求，还要求建立健全用户注册、信息发布审核、信息安全管理、应急处置、从业人员教育培训、制止产权保护、未成年人保护、辟谣机制、日常监督检查和定期检查相结合的监督管理等制度。与之前出台的《区块链信息服务管理规定》《微博客信息服务管理规定》等规定相比，该规定首次增加了"未成年人保护"的内容，并初步构建了身份识别制度，要求通过身份证件号码、移动电话号码等方式来认证，否则无法发布信息。

（3）监管内容日常化

在价值取向、监管制度的引导下，目前音视频领域的监管内容趋于日常化，从最开始以淫秽色情为主逐渐渗透到整个预防未成年人犯罪、保护未成年人权益领域，从网站治理扩散到生活中的QQ群、微信群、微信公众号、微博、豆瓣、知乎等社交场所，以及抖音、快手等兼具娱乐与社交App的内容管理中。《网络信息内容生态治理规定》对生产者实行了严格的范围划定，鼓励的内容信息政治性较浓，强调意识形态、价值观方面的引导。在禁止信息方面，《网络音视频信息服务管理规定》的原则性较强；《网络信息内容生态治理规定》则较为具体，其范围较 2000 年 9 月国家网信办公布的《互联网信息服务管理办法》更广，并区分了违法信息与不良信息，违法信息是在原有禁止信息的基础上增加了两款，不良信息内容新增了较多内容，并采用了相对主观的表达形式，后期执法可能会频现难题。

（4）处置措施多样化

音视频的高速发展对传统的处置措施提出了不容小觑的挑战。早先的一些规定及 2011 年修订的《互联网信息服务管理办法》强调互联网信息服务提供者不得制作、复制、发布、传播的信息内容，违者应当立即停止传输，保存有关记录，并向国家有关机会报告。此类措施仅仅停留在一刀切的落后思维上，难以适应技术进步、网络发展及伴随而来的信息透明社会需求。到了 2019 年的《网络音视频信息服务管理规定》及 2020 年的《网络信息内容生态治理规定》，处置措施更为丰富，包括警示整改、限制功能、暂停更新、关闭账号等处置措施，及时消除违法信息内容，保存记录并向有关主管部门报告。

3. 管制辅助：以行业为载体

作为互联网的重要参与者，行业责任不可忽视。中国在音视频监管方面亦充分发挥了行业的作用，从鼓励行业自律、强化内容审核、开发青少年模式多方面保护青少年网络权益，促进其健康成长。

（1）鼓励行业自律

行业自行制定的规范是具有法规政策基础的。一方面，《网络信息内容生态治理规定》对服务平台科予管理主体责任，要求平台建立网络信息内容生态治理机制，健全用户注册、账号管理、信息发布审核、跟帖评论审核、网络谣言等信息处置制度，坚持主流价值导向，优化信息推荐机制。在专门以未成年人为服务对象的网络信息内容专栏、专区和产品等积极呈现前述鼓励内容，同时鼓励服务平台开发适合未成年人使用的模式，提供适合未成年人使用的网络产品和服务，便利未成年人获取有益身心健康的信息。此外，互联网音视频服务首页、首屏、发现、精选、榜单、弹窗等，以及专门以未成年人为服务对象的网络信息内容专栏、专区和产品等，均要积极呈现第五条规定的信息。另一方面，《网络音视频信息服务管理规定》则提出要建立健全网络音视频信息服务行业标准和行业准则，推动网络音视频信息服务行业信用体系建设。总的来说，这两个规定均鼓励行业组织建立完善自律机制，建立内容审核标准细则，弘扬正能量。

（2）强化内容审核

在内容审核方面，行业组织亦采取了行动。比如2019年中国网络视听节目服务协会发布了《网络短视频平台管理规范》的行业规范，对短视频平台资质、内容审核、建立未成年人保护机制等作出规定；该协会还发布了《网络短视频内容审核标准细则》，此细则是根据《互联网视听节目服务管理规定》《网络视听节目内容审核通则》制定而成，包含100条审核标准，内容涵盖标题是否合规、是否涉及色情、是否适宜未成年人等多个方面。2020年全国信息安全标准化技术委员会开始征集单位编写《信息安全技术网络音视频服务数据安全指南》，以明确加强音视频中的未成年人个人信息保护等问题。此类行业规范不具备法律、行政法规的效力，但是可以起到督促、建议的作用。①

（3）开发青少年模式

在实践方面，2019年国家网信办组织抖音、快手、火山小视频等短视频平台试点上线青少年防沉迷系统，2020年《未保法》修订之后多数网络平台开启了青少年模式，比如每天使用时间不能超过40分钟；晚上10点开始到早上6点之前都无法使用；无法开启直播与同城浏览页面；无法进行充值、提现、打赏等一系列操作；② 通过地理位置判定、用户行为分析等技术手段筛选甄别农村地区留守儿童用户，并自动切换到"青少年模式"。可以说，网络音视频行业主体从"消极应对"转变为自我管理，积极承担了应有的社会责任。③ 各网络平台自行开发实践的青少年保护模式一定程度上促进了未成年人网络音视频的监管，有助于青少年的健康成长。

---

① 韩丹东：《网络短视频管理新规发布行业或将面临重新调整》，载《法制日报》2019年1月14日第4版。
② 杜晓、叶子悦：《青少年沉迷网络短视频危害大平台试点上线防沉迷系统》，载《法制日报》2019年4月28日。
③ 王长潇、位聪聪：《乱象与回归：我国网络视频政府规制的现状、特点与发展》，载《当代传播》2018年第2期。

概而言之，中国目前已经逐步建立了网信、新闻出版、工信、公安、电信、文化、市场监督管理、广播电视等多部门网信执法协调工作机制，形成了多部门联合执法的常态，并以"清朗""网剑""剑网""网上扫黄打非"等一系列治理网络违法和不良信息的专项行动来应对互联网实践，[①] 政府监管部门对于网络音视频的规制方式也较为多元化，包括约谈、警告、关停、罚款、列入黑名单、移交公安部门进行刑事拘留等。[②] 这些监管规定及相关措施一定程度上促进了未成年人相关权益的保护。

（二）从比例原则看监管体系

中国的未成年人音视频监管体系日臻成型，但从比例原则来看，该体系可能是存疑的。比例原则由适当性（手段适合目的）、必要性（最温和的手段）和狭义比例原则（手段与目的成比例）三个子原则组成，可以整体理解为"正当的限制基本权利"。一般而言，限制基本权利的理由包括，"基本权利之间存在冲突，或者基本权利与公共利益相冲突"[③]。运用到社会管理和国家治理之中，该原则要求政府在社会管理

[①] 支振锋：《织密清朗网络空间的规则之网》，载《光明日报》2020年1月9日第3版。

[②] 王长潇、位聪聪：《乱象与回归：我国网络视频政府规制的现状、特点与发展》，载《当代传播》2018年第2期。

[③] 陈景辉：《比例原则的普遍化与基本权利的性质》，载《中国法学》2017年第5期。

中应当注意管理手段与管理目的之间的适当性、必要性和相称性。① 网络亦是社会管理的重要一环，故应该遵循比例原则。

1. 适当性原则

在网络音视频的监管问题上，目的正当性指对基本权利的限制旨在促进公共利益，比如未成年人的身心健康，或者健康的社会文化、良善的社会道德环境，后两者也可以促进未成年人的利益，国家正是担负了这种特定的责任和义务。每个个体都必然经历未成年阶段，未成年人的身心状态相较而言具有脆弱性，因此应该优先保护未成年人。要想促进这一目的，可使用的监管手段包括法律法规，也包括中国目前监管的最主要手段，即部门规章。政府措施所促进的公益类型，是决定审查程度的重要参数，② 换言之，未成年人保护这一公共利益的位阶决定了审查的程度，鉴于未成年人的重要性和特殊性，在网络音视频相关监管制度上的审查应该会有一定的司法克制。因此，以政府为主要载体，对未成年人音视频进行监管的手段有助于实现公共利益这一监管目的，二者之间满足合适性。

2. 必要性原则

紧接着的第二个问题是，这些监管是否属于最温

---

① 沈开举、程雪阳：《比例原则视角下的社会管理创新》，载《政法论坛》2012 年第 2 期。

② 蒋红珍：《论适当性原则——引入立法事实的类型化审查强度理论》，载《中国法学》2010 年第 3 期。

和手段，是否对基本权利的限制最少？诚如前述，国家网信办为最主要的监管部门，由其出台的《网络信息内容生态治理规定》在音视频内容监管方面影响较大。是否满足必要性原则需要看看网络音视频本身，当前网络音视频确已对未成年人造成诸多不良影响，包括版权侵权、色情低俗、辱骂谩骂、垃圾广告、造谣传谣、内容引人不适、涉嫌违法违规、侵犯未成年人权益等。在传播方式方面，当下网络音视频多采用自动播放、手滑翻页等技术，所带来的方便快捷逐渐演化成一种不自觉输入，短时间的难以抗拒终将演变成一种捧腹大笑的狂欢式沉沦。实际上，"问题并不出在人缺乏意志力上，而在于屏幕那边有数千人在努力工作，为的就是破坏你的自律"①。在网络音视频中，"我"在哪里的疑问频现，平台利用技术增加了用户粘性，但在内容推荐上却形成了"信息茧房"效应，限制了用户信息的自由接触，且社交仍停留在高频词关注和低频次互动的模式中，陌生用户之间很难建立亲密的链接。② 由此来看，为互联网划定必要的界限是符合公共利益的，且该公益保护具有迫切性，法律只需要规定大致的保护理念及方向，细化之责落于部门规章处。因此，以部门规章而非更上位的法律法规等来具体治理以上现象，是必要且可行的。但是我们也应该注意，为了实现这一公共利益，如果对公民个人

---

① ［美］亚当·奥尔特：《欲罢不能——刷屏时代如何摆脱行为上瘾》，机械工业出版社 2018 年版，第 3 页。
② 于雪姣：《"抖音"App 的内容运营研究》，硕士学位论文，兰州大学，2019 年，第 53 页。

权利的限制不可避免，那么只能选择最小损害的手段，否则，这种对权利的限制是否仍具有正当性就值得商榷了。

3. 均衡性原则

均衡性原则亦被称为狭义比例原则，它要求政府目标所获得的收益与对宪法权利的侵犯成比例，① 那目前的音视频监管是否符合狭义比例原则呢？《立法法》规定部门规章不得设定减损公民、法人和其他组织权利或者增加其义务的规范，不得增加本部门的权力或者减少本部门的法定职责。前述规定是否减损了公民、法人和其他组织权利或者增加其义务？目前就监管内容来看，《网络信息内容生态治理规定》一方面未对成年与否作出区分，可能增加了谨小慎微的义务，且未成年人的智力水平能否履行现有注意义务，是一个值得探讨的问题；另一方面，过于严苛的监管可能会导致互联网企业想方设法降低遵守以上规定所带来的合规成本，比如拒绝儿童进行注册，或者仅向儿童提供单向的内容服务，避免与用户的交流互动。② 另外一种情形则是过度合规，比如有些网站宁可错删多删，对儿童信息或与儿童相关的视频等一概不予保留，这样会损害儿童的数据权利及言论自由。试图调解这两种极端的是青少年模式，但其能否真正起作用也是存

---

① ［以色列］摩西·科恩－埃利亚、易多波·拉特：《比例原则与正当理由文化》，刘权译，载《南京大学法律评论》2012 年秋季卷，第 36 页。
② 周雪峰：《未成年人网络保护制度的域外经验与启示》，载《北京航空航天大学学报》（社会科学版）2018 年第 4 期。

疑的，31.4%的未成年人认为青少年模式用处不大。①目前运行的模式可能存在以下几类问题，第一类是内容太少太"正经"而无法满足青少年用户的娱乐休闲需求，第二类是青少年模式内容太多或太容易退出模式从而达不到筛选分级的目的，第三类是进入模式的门槛高，收集了过多身份、生物、浏览数据等信息，不符合最小化收集未成年人个人信息的基本原则。

总体而言，目前很多监管多为事后治理，缺乏规则规范；多为政府治理，缺乏平台管理；多为内容治理，缺乏全面管理；②多为笼统治理，缺乏针对性管理，比如针对音视频创作者监管及其与平台之间的责任分配是空白的，且无法处理服务器设在境外的情况。均衡性原则并非片面强调公共利益至上，而是要求公权力行为者在追求公共利益的同时，认真对待公民权利，审慎权衡相关利益，③同时也要均衡权利义务之间的关系。事实上，未成年人喜欢短视频应用的主要原因是减压和好玩，此外还有听音乐、学习技能、好奇，④这些理由均符合青少年的年龄特征和身心发展规律。由此来看，未成年人合理使用音视频应用具有一定的正向效果，对未成年人的保护、营造健康清朗的网络

---

① 中国青少年研究中心：《中小学生短视频使用特点及其保护》，载中国青年网，http://news.youth.cn/sh/202011/t20201104_12560088.htm，2021年5月25日访问。
② 吕鹏、王明漩：《短视频平台的互联网治理：问题及对策》，载《新闻记者》2018年第3期。
③ 刘权：《均衡性原则的具体化》，载《法学家》2017年第2期。
④ 中国青少年研究中心：《中小学生短视频使用特点及其保护》，载中国青年网，http://news.youth.cn/sh/202011/t20201104_12560088.htm，2021年5月25日访问。

环境可以要求个体让渡部分权利,但不能因此过分限缩成年人言论自由及未成年人的网络权利。从比例原则来看,中国目前的未成年人网络音视频监管在某些方面已经超出了某种必要的限度,保护未成年人这一公共收益与对言论自由、知情权及未成年人的网络权利的损害程度不成比例,也无法达到最小化收集未成年人个人信息,实现这一正当目的的成本太大,并不符合均衡性原则。职是之故,将比例原则纳入监管体系之中相当必要。

(三)以比例原则完善网络音视频监管制度

比例原则旨在弘扬一种正当理由文化,其核心是政府应当对其所有行为提供实质的正当理由,这种理由是以政府每一个行为的理性与合理性和每一个行为必然涉及的权衡的形式表现出来的。① 从实质上来看,比例原则体现的是一种适度、均衡的理念,以达成"禁止过度"的效果。② 中国未成年人的音视频监管应当以比例原则为完善方向,突出儿童视角,而非管理视角,进一步体现未成年人的权利本位理念。儿童视角的基本要求是强化成年人以及政府相关职能部门、网络服务提供者、音视频创作者等主体的责任,而不是限制未成年人的网络权利——除非这种限制为

---

① [以色列]摩西·科恩-埃利亚、易多波·拉特:《比例原则与正当理由文化》,刘权译,载《南京大学法律评论》2012年秋季卷,第38页。
② 郑晓剑:《比例原则在民法上的适用及展开》,载《中国法学》2016年第2期。

儿童最大利益所必须；注重"网络信息内容建设"的同时，更应注重提高未成年人在网络空间的自我免疫力。①

分级制度在此基础上应运而生。互联网内容分级是指对互联网内容依据保护未成年人的需要进行分类、标签，并由安装在客户端的配套过滤软件根据标签过滤的一套规则系统。②就音视频领域而言，中国可以以政府为主导，以行业平台为具体实施者，以公众为监督者，共同构建一个符合比例原则的分级制度，借鉴美国娱乐软件协会为网络游戏设立的分级制度，根据等级分类、内容描述和互动因素来评级。③分级制度一般以年龄为基础，德国《青少年媒体保护州际条约》第5条规定，所有影响儿童和青少年发展及对其进行自理和社交能力教育的内容，均应以"0岁及以上""6岁及以上""12岁及以上""16岁及以上""18岁及以上"为界限，划分为4个需要保护的等级，违者将被处以最高50万欧元的罚款。④韩国《网络内容分级服务的分级标准》分为五个方面，包括"裸露""性行为""暴力""语言"和其他，在程度上分为五级，从0级至4级。⑤除了法律法规之外，平台亦应该积极参与到分级制度的实践中来，比如YouTube设置

---

① 姚建龙：《保护的善意与边界——关于完善〈未成年人网络保护条例（送审稿）〉的建议》，载《上海法学研究》2019年第18卷。
② 杨攀：《我国互联网内容分级制度研究》，载《法律科学》2014年第2期。
③ 高英彤、王在亮：《美国对青少年参与网络游戏的监管经验探析——以教育为视角》，载《社会科学战线》2012年第1期。
④ 杨攀：《我国互联网内容分级制度研究》，载《法律科学》2014年第2期。
⑤ 杨攀：《我国互联网内容分级制度研究》，载《法律科学》2014年第2期。

了六项内容分级类别,分别是粗俗语言(L)、裸露(M)、性爱画面(S)、暴力/令人不安(V)、药物滥用(D)、闪光灯(F);音乐视频贴上 Parental Advisory 的字样标识,同时也要求音视频创作者要承担保护未成年人的责任,比如 Vimeo 要求用户在上传视频时对视频内容进行自主分级,包括未分级、大众、成人三个等级。在借鉴这些制度的基础上,中国亦应当以比例原则构建符合中国特色的音视频分级制度,均衡分配平台及音视频创作者之间的责任,同时细化以下建议,期以最大限度地保护未成年人的权益。

第一,在分级制度的基础上,强化学校、家长等主体的责任意识。学校应致力于培养学生的网络素养,开展网络分级制度的学习课程,提高未成年学生对音视频的免疫能力;应该尊重未成年人,而不是一味地强制、屏蔽,更重要的是提高未成年人辨别是非的能力和反诈骗的能力,不轻信音视频内容及相关弹幕和评论。

第二,完善监护人同意制度。调查显示,54.9%的未成年人赞同 14 岁以下使用短视频应征得父母同意或有父母陪伴,[①] 但中国目前并没有对儿童用户的识别和父母同意的验证方式作出具体规定,建议参考美国和欧盟的相关规定,以"合理性"和"现有技术水平"作为标准,采取多途径、全方位的验证模式,包括邮件、传真、金钱交易凭证、视频连线、身

---

① 中国青少年研究中心:《中小学生短视频使用特点及其保护》,载中国青年网,http://news.youth.cn/sh/202011/t20201104_12560088.htm,2021 年 5 月 25 日访问。

份证等。① 如 YouTube Kids、Messenger Kids 均要求，孩子所添加的每一个好友都可以经过父母的 Facebook 账户进行验证。过度沉迷网络音视频不但降低了未成年人的审美情趣和阅读质量，无助于想象力和专注力的培养，且容易陷入自我构建的网络孤岛中。父母应该尽早识别孩子的情绪问题，建立有效沟通机制，教会孩子管理自己，提高自控力，合理分配上网时间、游戏时间等，在孩子使用时间超过之后，可直接短信通知家长，由家长远程关闭 App。此外，家长还应该以身作则，降低使用手机的频率，增加亲子共屏时间，减少分屏时间。

第三，只有减轻企业负担、扩大公众参与，② 完善公众举报和投诉机制，才能更好地实行音视频分级制度。作为服务使用者，公众应当文明健康使用网络，理性表达，鼓励积极参与治理，通过投诉、举报等方式对网上违法和不良信息进行监督，规定群主等应当履行管理责任。《网络信息内容生态治理规定》《网络音视频信息服务管理规定》均对此有所涉及，但是并未具体规定如何举报、投诉，也未规定网信部门接收到之后的处理程序、恶意举报的后果等，我们很难说"不得利用网络和相关信息技术实施侮辱、诽谤、威胁、散布谣言以及侵犯他人隐私等违法行为，损害他人合法利益"这一规定是举报、投诉的限制性条件。

---

① 佟丽华：《未成年人网络保护中的身份确认与隐私保护》，载《中国青年社会科学》2019 年第 6 期。

② 杨攀：《我国互联网内容分级制度研究》，载《法律科学》2014 年第 2 期。

可以借鉴英国互联网监视基金会（IWF）的实践，接到投诉后，经过评估判断该内容是否违法，向其会员发出正式通知，并建议会员对其予以删除。如果会员对信息内容是否违法持有异议，IWF会根据信息的不同来源移交给相应的执法机构作出最终裁决。①

　　第四，分级制度的执行需要严格清晰的分级标准，在有关信息的定性上亦应明确。整体来看，违法信息的判断争议相对较小，但是不良信息的判断则充满挑战性，比如何种标题属于"夸张"，何为"炒作""不当评述"，网信办如何判断这些模棱两可的词汇？更具体一点，是某个办事员的主观感受，还是网信办内部有一个相对稳定的标准？如果当事人或平台与网信办标准不一，以何为主？建议细化这些规定，如此普通网民（尤其是音视频创作者）才能更好地规划自己的行动，为自己提供行动理由。此外，应该引入检察监督机制，避免网信办落入"规则制定者同时也是裁判者"的矛盾之中，如果检察官认为当地居民的利益已经遭受或者正在遭受威胁，可向有管辖权的地方法院提起民事公益诉讼，儿童或其监护人无权提起诉讼。②当然，我们应当对立法者政治过程的结果保持适度克制，对行政者的专业判断结果予以适度尊让，③但这仍然不是权力拥有者过度监管的正当理由。

---

　　① 邓小兵、刘晓思：《中英网络治理的行业自律比较研究》，载《甘肃行政学院学报》2017年第5期。
　　② 单勇：《未成年人数据权利保护与被害预防研究——以美国〈儿童在线隐私保护法〉为例》，载《河南社会科学》2019年第11期。
　　③ 刘权：《目的正当性与比例原则的重构》，载《中国法学》2014年第4期。

（四）结语

截至2020年12月，中国网络短视频用户规模达8.73亿人，占网民整体的88.3%，网络音乐用户规模达6.58亿人，占网民整体的66.6%。[①] 互联网已经从平面化的叙事完全进化到视觉性的体验导向，处于流量时代的网络音视频监管更具挑战性，泛娱乐与过度娱乐的等同化导致滤镜代替了审美能力的培养，因此更需要平衡技术发展与伦理道德之间的抉择，公共性与商业性的碰撞，未成年人与成年人需求的冲突，未成年人网络权利与网络保护的博弈，这些不可通约的价值相互冲击，自主多元化与价值迷失的界限也不甚分明。在保持伦理道德底线的基础上，寻求一个健康、理性、自由兼具保护与权利的网络表达空间。网络有利于发展青少年人格的开放性、平等性和独立性，但是同时也可引发角色混乱、封闭、变异、攻击性等人格危机，应该帮助他们形成线上身份与线下身份认同上的统一。

中国当前对未成年人网络音视频的监管已经从形式走向实质，道德与法律双管齐下，但仍面临着比例原则的考验，应借着《未成年人保护法》的修订，出台相关的司法解释或配套政策。亚里士多德曾言："法

---

① 中国互联网络信息中心：《第47次中国互联网络发展状况统计报告》，载中国互联网络信息中心网，http://www.cnnic.net.cn/hlwfzyj/hlwxzbg/hlwtjbg/202102/P020210203334633480104.pdf，2021年5月25日访问。

> 治应包含两重意义：已成立的法律获得普遍的服从，而大家所服从的法律又应该本身是制定得良好的法律。"① 中国音视频监管领域的法律法规政策首先应该是良好的，才可能获得普遍的服从。良好的前提是符合比例原则，公权力行为者应当进行充分的法律推理、道德推理与价值判断，从而可能更好地保护公民的权利与自由，② 在促进未成年人最大利益的同时，亦将成年人的权利纳入均衡范围。

---

① ［古希腊］亚里士多德：《政治学》，吴寿彭译，商务印书馆1983年版，第199页。

② 刘权：《均衡性原则的具体化》，载《法学家》2017年第2期。

五　未成年人网络直播监管体制研究

张爱桐*

网络直播是指基于互联网，以视频、音频、图文等形式向公众持续发布实时信息的活动。① 网络直播在丰富人们日常文化娱乐生活的同时，给未成年人的权利保障带来了新的挑战。截至2019年，中国未成年网民规模为1.75亿人，未成年人的互联网普及率达到93.1%。② 为在复杂多变的网络直播环境中保护未成年人权益，中国先后颁布了多部相关法律、行政法规和部门规章。于2020年10月17日通过并于2021年6月1日起施行的新修订《中华人民共和国未成年人保护法》（以下简称《未成年人保护法》）设"网络保护"专章，对网络直播服务提供者的义务作出了规定。③ 然而，相关法律虽在不同程度上明确了在网络环境中保障未成年人的合法权益，但普遍对网络直播监管的相

---

* 张爱桐，首都经济贸易大学法学院讲师。
① 中华人民共和国国家互联网信息办公室：《互联网直播服务管理规定》，2016年11月4日发布，2016年12月1日实施，第2条。
② 共青团中央维护青少年权益部、中国互联网络信息中心（CNNIC）：《2019年全国未成年人互联网使用情况研究报告》，2020年5月，第1页。
③ 参见《中华人民共和国未成年人保护法》第74、76条。

关内容关注不足。基于此，本篇拟立足现实、发现问题并思考完善对策。

（一）问题的提出

在当前复杂多变的互联网环境中，每个人的权利都面临受到侵犯的风险。未成年人作为重要的人权主体，因其身心发育不成熟的客观特殊性而需要来自国家、社会和家庭的特别保护。

1. 未成年人的特殊性

一方面，未成年人作为正在成长中的个体，是幼稚、不完善且未定型的。① 未成年人的成长需要其身边的成年人的关心和帮助，需要他人为其提供必要的物质和精神条件。② 另一方面，未成年人具有成长性，其在童年时期所处的环境和经历会对其未来发展产生重要影响。英国心理学家鲁道夫·谢弗认为，用消极的词汇形容儿童使人们仅注意到儿童缺少能力的一面，而忽略了其所具备的巨大成长潜力。③ 未成年人的成长性在互联网时代得到了更大的彰显，网络直播打造了轻松的参与体验方式，未成年人可以根据自己的需要

---

① 丁海东：《童年：一种精神与文化的价值》，载《中国教师》2012年6月刊，第25—28页。
② 成尚荣：《儿童研究视角的坚守、调整与发展走向》，载《教育研究》2017年第12期。
③ 参见［英］鲁道夫·谢弗《儿童心理学》，王莉译，电子工业出版社2010年版，第16页。

进行主动选择，表达自己并在一定程度上满足猎奇心理和掌控欲望。① 对未成年人成长性的充分认知有利于了解未成年人的特殊性，进而在网络直播环境中为未成年人提供与时俱进的权利保护。

2. 未成年人在网络直播环境中面临的权利隐患

作为新兴媒介平台，网络直播的强娱乐化、高交互性和即时性吸引着越来越多的未成年用户。然而，直播内容低俗色情、直播盈利模式粗放简单、行业恶性竞争不择手段等均是网络直播行业存在的现实问题。② 网络直播引发的沉迷、网络直播中的不良示范以及网络直播造成的权利侵犯均体现了其对未成年人的负面影响。③

第一，对个人信息和隐私的侵犯。《公民权利和政治权利国际公约》及《儿童权利公约》均规定了个人信息和隐私不受任意或非法干涉的权利。④ 国家应加强和确保对数字信息的保密和对儿童符合其不同阶段接受能力的隐私的尊重。⑤ 2018年6月1日，最高院发布了十起利用互联网侵害未成年人权益的典型案例，涉及对未成年人的网络敲诈勒索、网络猥亵儿童、网络贩卖

---

① 参见高文珺《基于青年视角的网络直播：参与的盛宴，多元的融合》，载《中国青年研究》2019年第4期。
② 许向东：《我国网络直播的发展现状、治理困境及应对策略》，载《暨南学报》（哲学社会科学版）2018年第3期。
③ 毛占海：《网络直播视域下未成年人权益的保护》，载《青年记者》2018年第30期。
④ 参见联合国《儿童权利公约》第16条。
⑤ 联合国儿童权利委员会：《关于在青少年时期落实儿童权利的第20号一般性意见》，2016年12月6日，文件编号：CRC/C/GC/20，第46段。

毒品以及利用网络侵犯未成年人隐私权等。① 网络直播的交互性增加了未成年人隐私权受到侵害的风险。

第二，对健康权乃至生命权的侵犯。《公民权利和政治权利国际公约》以及《儿童权利公约》均规定了对生命权的保障。②《儿童权利公约》进一步规定儿童有权享有可达到的最高标准的健康。③ 网络直播引发的网络沉迷严重危害着未成年人的身心健康。根据中国互联网络信息中心的调研报告，未成年人日均上网超过2小时的占比9.9%，而在未成年网民的总体上网时间中，利用互联网观看直播的用时比例高达19.8%。④

第三，对受保护权的侵犯。《儿童权利公约》规定儿童享有受保护的权利。⑤ 中国《未成年人保护法》确认了未成年人的受保护权，但网络直播环境复杂多变，现有法律制度难以对其进行全面有效的监管。在中国互联网络信息中心的调研中，有66%的未成年网民反馈过去半年遭遇过各类网络安全事件，有46%的未成年网民反馈曾在上网过程中遭遇违法不良信息。⑥ 网络直播模式具有更强的交互性和即时性，对其进行

---

① 参见《最高法发布利用互联网侵害未成年人权益典型案例》，中华人民共和国最高人民法院网站：http://courtapp.chinacourt.org/zixun-xiangqing-99632.html，2020年2月17日访问。

② 参见《公民权利和政治权利国际公约》第6条第1款；《儿童权利公约》第6条。

③ 参见《儿童权利公约》第24条第1款。

④ 共青团中央维护青少年权益部、中国互联网信息中心（CNNIC）：《2019年全国未成年人互联网使用情况研究报告》，2020年5月，第7、10页。

⑤ 参见《儿童权利公约》第34条。

⑥ 共青团中央维护青少年权益部、中国互联网信息中心（CNNIC）：《2019年全国未成年人互联网使用情况研究报告》，2020年5月，第39—40页。

全面监管的难度更大，国家在网络直播环境中保护未成年人的权利面临着更为严峻的挑战。

（二）中国未成年人网络直播监管现状及存在问题

涉及在网络直播环境中保障未成年人的合法权益，中国先后颁布了一系列法律、行政法规、部门规章及其他规范性法律文件，并在此基础上作出了不懈努力。但与此同时，我们应该认识到实践中仍存在诸多待完善之处，在网络直播环境中保障未成年人的合法权益是未竟的事业。

1. 中国未成年人网络直播监管现状

中国现有法律、行政法规及部门规章关于网络直播监管的相关规定较为原则。为加强网络直播监管，文化部于2016年发布《关于加强网络表演管理工作的通知》及《网络表演经营活动管理办法》，国家新闻出版广电总局于2016年发布《关于加强网络视听节目直播服务管理有关问题的通知》，国家互联网信息办公室于2016年发布《互联网直播服务管理规定》。此外，2021年2月9日，国家互联网信息办公室、全国"扫黄打非"工作小组办公室等七部委联合发布《关于加强网络直播规范管理工作的指导意见》。前述规范性法律文件在一定程度上明确细化了网络直播监管的相关内容，但由于法律位阶较低，在实施过程中存在一系列问题。现有涉及在网络直播环境中保护未成年人权利的监管内容可归纳为三个方面。

第一,在网络直播环境中保护未成年人的个人信息和隐私。中国现行立法仅从整体上规定了对未成年人网络隐私权的保护,并未针对网络直播环境,在充分考虑网络直播特殊性的基础上作出专门规定。现行相关立法主要包括《网络安全法》《刑法》《治安管理处罚法》《电信条例》以及《儿童个人信息网络保护规定》。此外,《未成年人保护法》对通过网络处理未成年人个人信息应遵循的原则和要求,以及网络服务提供者发现未成年人通过网络发布私密信息时的提示和保护义务作出了规定。[1]

第二,为未成年人建立安全健康的网络直播环境。除前述专门针对网络直播的规范性法律文件外,中国对健康网络环境的相关要求还体现在《未成年人保护法》《预防未成年人犯罪法》《网络安全法》《治安管理处罚法》《电信条例》《互联网信息服务管理办法》《互联网上网服务营业场所管理条例》《互联网视听节目服务管理规定》以及《互联网文化管理暂行规定》中,主要涉及对有害网络信息的禁止及对健康网络信息的鼓励两方面内容。此外值得注意的是,于2020年修订并于2021年6月1日起施行的《未成年人保护法》明确了网络服务提供者在网络直播环境中对未成年人的特别保护。[2] 于2021年2月发布的《关于加强

---

[1] 参见《中华人民共和国未成年人保护法》第72条、第73条。
[2] 参见《中华人民共和国未成年人保护法》第74条、第76条。

网络直播规范管理工作的指导意见》也要求网络直播平台屏蔽不利于未成年人健康成长的网络直播内容。

第三,防止未成年人沉迷网络。未成年人在网络应用方面具有明显的"娱乐化"倾向,如果缺乏正确的引导,身心发育不成熟的未成年人很容易沉迷网络。[1] 为预防未成年人沉迷网络,中国《未成年人保护法》明确了新闻出版、教育、卫生健康、文化和旅游、网信等部门预防未成年人沉迷网络的指导义务,以及学校、未成年人父母或其他监护人和网络服务提供者的具体保护义务。[2] 此外,《关于加强网络直播规范管理工作的指导意见》特别强调了在网络直播环境中对未成年人的保护,要求网络直播平台应当向未成年人用户提供"青少年模式",防范未成年人沉迷网络直播。

2. 中国未成年人网络直播监管存在的问题

基于对中国未成年人网络直播监管现状的梳理分析,可以将中国已有实践存在的问题归纳为以下四个方面。

第一,现有专门立法位阶较低,相关规定有待进一步明确细化。中国现有立法虽在一定程度上规定了在网络直播环境中保障未成年人的合法权益,但是,一方面,《未成年人保护法》仅用两个法律条文就网

---

[1] 毛占海:《网络直播视域下未成年人权益的保护》,载《青年记者》2018年第30期。
[2] 参见《中华人民共和国未成年人保护法》第68条、第70条、第71条、第74条。

络直播服务提供者的义务进行了规定，规范内容有待进一步丰富和完善；另一方面，就针对网络直播的专门规定而言，中国目前仅有规范性法律文件，其法律位阶普遍较低，难以为网络直播监管的具体实践提供统一法的规范和指引，涉及网络直播的监管主体、监管对象、监管权限、监管目的、监管机制等一系列问题容易出现争议。①

第二，多头监管现象严重，各有关部门职责不协调。在中国网络直播监管体制的发展过程中，伴随国家机构的改革，新旧主管部门在不同层面上均行使着监管权。直至2016年网络直播爆炸式增长的局面出现，多头监管的弊端才逐渐得以显现。② 网络直播监管涉及文化部、网信办、新闻出版广电总局、工信部和公安部等多个部门。各部门在实际监管中职责交叉或缺位，缺乏有效的协调，监管效果不佳。③

第三，政府与各社会部门尚未形成监管合力。中国未成年人网络直播监管的主体较为单一，政府与社会各部门尚未形成监管合力，单方面监管难度较大。企业有责任尊重人权，这与国家的保护义务以及提供救济的义务相辅相成，共同构成一个整体。④ 随着网络

---

① 参见宋姣、夏令蓝《网络直播的行政规制研究》，载《传媒》2019年第20期。
② 王新鹏：《论我国网络直播监管体制的完善》，载《电子政务》2019年第4期。
③ 林于良：《网络直播对青年价值观的影响及应对》，载《中国广播电视学刊》2019年第7期。
④ 参见联合国人权理事会《保护、尊重和救济：工商业与人权框架》，联合国人权理事会第八届会议（2008年4月7日），文件编号：A/HRC/8/5，第1段。

直播行业的日益壮大，相对于政府、家长和学校，相关企业对技术、方法等专业内容的理解更为准确，其引领了互联网发展的方向，也应该在保护未成年人的事业中发挥积极作用。①

第四，监管技术手段有待进一步提高。《互联网直播服务管理规定》明确要求互联网直播服务的提供者应具备相应的技术条件，具备即时阻断互联网直播的技术能力，应加强对网络直播的实时管理，并配备相应管理人员。② 然而在具体实践中，机器识别和人工审核相结合的常规模式难以实现对网络直播的实时监管，不良直播内容往往是在播出一段时间之后才发现的。③ 当前的网络直播监管技术存在较大缺陷，亟须研发新的技术才能有效过滤网络直播中的有害信息。④

（三）中国未成年人网络直播监管体制之完善建议

在复杂多变的网络直播环境中为未成年人提供有效的权利保护是国家在互联网时代的重要责任，而中国现有未成年人网络直播监管体制存在立法、执法、社会监督及监管技术等多个层面的问题。基于此，本

---

① 参见北京青少年法律援助与研究中心《中国未成年人网络保护法律政策研究报告》，2019年8月，第16页。
② 参见《互联网直播服务管理规定》第8条、第11条第1款。
③ 许向东：《我国网络直播的发展现状、治理困境及应对策略》，载《暨南学报》（哲学社会科学版）2018年第3期。
④ 李爱年、秦赞谨：《网络游戏直播监管困境的法律出路》，载《中南大学学报》（社会科学版）2019年第5期。

篇将立足现实,从五个方面总结完善中国未成年人网络监管体制的对策建议。

第一,以最有利于未成年人原则为指导,提高专门立法位阶。中国《未成年人保护法》第4条明确"保护未成年人,应当坚持最有利于未成年人的原则"。为应对网络直播环境给儿童权利保护带来的挑战,中国应以最有利于未成年人原则为指导,在位阶较高的法律中明确细化未成年人网络直播监管的相关内容。美国国会于1998年通过《儿童在线隐私保护法案》,明确要求收集和使用儿童的信息需要取得儿童父母的同意。[①] 并在此基础上,于2000年签署《儿童网络保护法案》,限制未成年人接触网络有害信息。此外,澳大利亚于2015年通过《加强儿童网络安全法案》。[②] 立足中国现实情况,借鉴外国颁布专门立法的已有经验,建议提高相关立法的位阶,在法律或行政法规中进一步明确细化网络直播监管的相关内容。只有在法律层面探索统一的网络直播监管标准,才能有效缓解不同层级规章制度之间的冲突,实现网络直播行业的健康有序发展。[③]

第二,明确政府各部门的工作职责,形成监管合力。就设立网络监管专门机构,很多国家已有相关实

[①] 蔡连玉:《儿童网络伤害及其保护研究:中美比较的视角》,载《电化教育研究》2010年第4期。

[②] 韩晶晶:《保护儿童网络安全:国际社会在做什么》,载《中国妇女报》2016年5月19日第B02版。

[③] 参见宋姣、夏令蓝《网络直播的行政规制研究》,载《传媒》2019年第20期。

践。例如，澳大利亚政府于2015年在其政府信息与媒体管理部下设立了独立的儿童电子网络安全委员办公室，负责接收并处理儿童网络不良信息的举报和投诉。此外，2006年，英国政府设立儿童剥削和网络安全中心，该中心于2010年成为相对独立的机构，以应对儿童网络安全问题。[①] 中国《未成年人保护法》规定了国家网信部门加强未成年人网络保护的工作职责和义务，《互联网信息内容管理行政执法程序规定》也明确规定国家互联网信息办公室和地方互联网信息办公室是互联网信息内容管理部门。国家网信办负有指导和协调各监管部门的职能，其可以在一定程度上促进各监管部门之间的协调和配合。因此立足中国现实情况，在尚未设立网络直播监管的专门机构之前，将国家网信办作为网络直播的监管主体较为合适。[②]

第三，健全网络直播行业自律机制，建立合作治理模式。中国网络直播行业发展迅速，新业态、新形势、新发展和新问题层出不穷。在这样的背景下，除制定严格的法律规章外，建立健全网络直播平台自身的行业自律机制也至关重要。近年来，今日头条、抖音短视频、西瓜视频以及火山小视频先后建立了各自的直播审核体系，规范相关网络直播的内容和行为。[③]

[①] 韩晶晶：《保护儿童网络安全：国际社会在做什么》，载《中国妇女报》2016年5月19日第B02版。

[②] 王新鹏：《论我国网络直播监管体制的完善》，载《电子政务》2019年第4期。

[③] 字节跳动平台责任研究中心：《2019平台直播自律白皮书》，第2页。

为了在行业自律的基础上实现政府与行业对网络安全的合作治理，美国的行业组织及其他组织可以设置保护儿童隐私的自律规范，但需提交美国联邦贸易委员会批准，由美国联邦贸易委员会在公开征求意见后决定是否通过。① 借鉴这一经验，在未成年人网络直播监管方面，建议建立国家对各直播平台不同自律规范的监管机制，确保在网络直播行业中的不同直播自律监管模式在符合法律规范统一要求的基础上相互配合、行之有效。

第四，鼓励科技创新，进一步优化监管技术。为了在直播环境中保护未成年人免于接触有害信息并免于遭受权利侵害，必须鼓励科技创新，以实现对网络直播画面的实时监控以及对云端同步传输内容的全面审核。② 针对优化网络直播的监管，一方面，必须继续突破技术难题，开展以"国家专门开发、鼓励企业参与"为基本模式的技术研发活动，将身份信息库与人脸识别技术结合起来以实现对主播的实名认证，同时借助色情识别技术对直播内容进行实时审核；另一方面，在监管方式层面，建议积极研发新型监管系统，实现监管智能化和分类处理。如借鉴美国、韩国等国家的已有经验，对网络直播信息采取"分级—过滤"的监管模式。③ 然而，无论采取何种优化路径，都需要

---

① 参见白净、赵莲《中美儿童网络隐私保护研究》，载《新闻界》2014 年第 4 期。

② 刘亚男：《网络直播发展中得与失引发的思考》，载《电影评介》2019 年第 5 期。

③ 参见李爱年、秦赞谨《网络游戏直播监管困境的法律出路》，载《中南大学学报》（社会科学版）2019 年第 5 期。

来自国家的支持。国家应确保为优化网络直播监管技术提供充足的资金支持，保障相关资金的科学分配，并建立相应的监督机制，保障资金的合理使用，避免不必要的资源浪费。

第五，加强对未成年人及其家庭的网络安全教育。保护未成年人不仅是国家的义务，也要求未成年人的父母和社会公私部门共同努力。目前的当务之急是健全面向家庭的社区儿童保护工作机制，推动建立以家庭为基础、以社区为依托的儿童保护网络。① 一方面，家长应加强对未成年子女的教育和监管，确保子女在安全、可控的情况下使用直播平台；另一方面，家长自身也应建立权利意识，自觉保护未成年子女的隐私，履行好作为监护人的职责和义务。此外，教育部门应将网络直播安全教育纳入中小学的教育内容，以增强未成年人的自我保护意识和辨别是非的能力，预防并干预未成年人沉迷网络直播。② 未成年阶段是个人价值观养成的重要阶段，有效引导未成年人自觉提升媒介素养是网络直播时代价值观教育的重要任务。③

---

① 参见蒋月娥：《健全面向家庭的社区儿童保护网络》，载《妇女研究论丛》2013年第4期。
② 毛占海：《网络直播视域下未成年人权益的保护》，载《青年记者》2018年第30期。
③ 林于良：《网络直播对青年价值观的影响及应对》，载《中国广播电视学刊》2019年第7期。

六　未成年人网络支付行为能力及风险防范

李静[*]

互联网为人们提供了各种各样的知识、信息、服务，上网冲浪、购物已成为人们日常的生活方式和场景。未成年人越来越多地进入互联网生活，其学习、生活、交际、娱乐、购物都已经离不开网络服务，未成年人的网络支付行为也越来越普遍。虽然未成年人具备一定的民事行为能力，但网络支付行为效力要根据是否符合其年龄智力等因素去判断，网络世界的丰富、复杂性无疑给这一判断增加了极大的难度。而未成年人心智尚未成熟，在消费过程中很可能接触到黄毒信息、受害受骗、沉迷游戏、泄露隐私。我们必须对这些风险加强防范、保护未成年人的合法权益。

（一）网络支付的特征

与传统支付方式通过现金流转、票据转让及银行

---

[*] 李静，中国社会科学院大学法学院副教授。

汇兑等物理实体流转来完成款项支付不同，网络支付是电子支付的一种形式。网络支付业务是指收款人或付款人通过计算机、移动终端等电子设备，依托公共网络信息系统远程发起支付指令，且付款人电子设备不与收款人特定专属设备交互，由支付机构为收付款人提供货币资金转移服务的活动。①

网络支付结算过程涉及三方主体：客户（消费者、付款方）、商家（收款方）和支付结算机构（电子银行或第三方平台）。客户进行网络支付前需要在支付结算机构设立"支付账户"，与商家签订订单前还需要在商家注册一个代表消费者身份的网络账户（以下简称"消费账户"），客户确认订单后向支付结算机构发出指令，将支付账户的资金转入商家账户。在享受网络支付便捷性的同时，我们必须把握其特征、关注其风险和行为效果，实现互联网共治共享。

1. 网络支付手段的特殊性——便捷多样化的数字支付手段

（1）网络支付是一种便捷的非现金支付方式

网络支付不同于货币、银行卡、支票、汇票等传统的支付工具，具有方便、快捷、高效、经济等优势。用户只需要一台PC（电脑登录网上银行）或手机（移动支付）就可以完成整个支付过程，完成非接触式支付。从提供网络支付服务的主体来看，国内

---

① 该定义来自中国人民银行公告［2015］43号《非银行支付机构网络支付业务管理办法》（2016年7月1日起施行）第2条第3款的规定。

的网络支付分为中国银联模式和第三方支付运营机构模式。第三方支付是一种通过（具备一定实力和信誉保障的）第三方独立机构与银行的商业合作，以银行的支付结算功能为基础，面向机构用户提供支付结算及增值服务的结算方式。典型的第三方支付运营机构如支付宝、快钱、财付通、微信支付、拉卡拉、京东支付等。

（2）网络支付的技术是多样化的数字技术，这些技术还在不断翻新、发展

不同于通过现金的流转、票据的转让及银行的汇兑等物理实体流转来完成款项支付的传统支付方式，网络支付是通过二维码、NFC 支付方案或指纹、人脸等生物识别认证数字化技术进行付款的。以支付宝为例，先后提供了多种数字化支付方式：二维码支付、条码支付、NFC 支付、指纹支付、刷脸支付；此外还有声波支付、IPTV 支付等。

（3）网络支付全程留痕，使支付过程得以回溯

以数字技术进行支付时，支付的过程在互联网全程留痕，包括交易内容（订单号、交易时间、交易对象等）、支付方式、数额、流程、去向等信息随时可查，确保支付信息真实、完整，有助于发生争议时进行查证。

2. 网络支付的法律要求——以身份认证落实支付账户实名制

网络支付需进行身份认证的法律要求，是为了

保障网络交易的真实性、安全性。这里的安全性不仅是指技术上的安全，更是指法律效果的安定性考虑：传统支付方式中，交易双方是面对面的，很容易通过签名、印章、证书等有形的身份凭证来确认对方的身份和意愿。而在网上交易中，交易双方互不见面，如果没有特殊的识别和防护等安全措施，就很容易出现假冒、诈骗等违法活动。所以必须进行身份认证，明确支付者的身份、责任能力以确定该支付行为的法律效力。经过实名认证的支付账户发生的支付行为被认定为认证者的行为，发生相应的法律效力，除非有充分证据推翻这一推定。

（1）电子银行支付模式的身份认证要求——银行卡实名制与支付验证

以电子银行模式进行支付包括两个基本环节：第一步是实名开立银行卡及开通电子银行功能，这是网络支付的物质前提。根据《中国人民银行关于进一步落实个人人民币银行存款账户实名制的通知》（银发〔2008〕191号）等相关规定，居住在中国境内的年满16周岁的中国公民可以凭借身份证件开立个人银行储蓄账户；未满16周岁的中国公民不能独立开设银行账户，需要由监护人代理申请，申请时要出具监护人的有效身份证件以及账户使用人的居民身份证或户口簿等可以证明亲属关系的证明，并预留监护人的手机号码。要使用个人银行卡进行网络支付的，还需要开通电子银行业务①功能。

电子银行支付的第二步是支付时的身份验证,这一步骤是确认持卡人同意进行某一具体支付。电子银行支付模式的主要业务类型分为通过密码和数字证书(U盾)认证的网上银行支付和通过捆绑银行账号的预留手机号发送动态支付口令认证方式的银行端快捷支付。

(2)第三方支付模式的身份认证要求——支付账户实名制与支付验证

第一步是支付账户实名制。《非银行支付机构网络支付业务管理办法》规定,在中华人民共和国大陆地区(不含港澳台)注册的非银行支付机构对客户实行实名制管理以及对其账户进行相应风险控制,所有用户需要身份验证才能使用网络支付业务。出于网络支付交易安全和减少纷争的考虑,第三方支付平台对未成年客户的年龄也进行了限制。例如支付宝要求大陆地区个人实名认证需年满10周岁,对10周岁以下的用户暂不支持;港澳台、外籍用户需要年满18周岁才可进行实名认证。而大陆地区(不含港澳台)10周岁以上的未成年人,仅提供身份证号进行身份验证的,支付额度也不高。考虑到未成年人有日常必要的网络

---

① 根据2006年中国银监会颁布的《电子银行业务管理办法》,"电子银行业务"是指商业银行等银行业金融机构利用面向社会公众开放的通信通道或开放型公众网络,以及银行为特定自助服务设施或客户建立的专用网络,向客户提供的银行服务。电子银行业务包括利用计算机和互联网开展的银行业务(以下简称网上银行业务),利用电话等声讯设备和电信网络开展的银行业务(电话银行业务),利用移动电话和无线网络开展的银行业务(手机银行业务),以及其他利用电子服务设备和网络,由客户通过自助服务方式完成金融交易的银行业务。

支付需求，同时要兼顾收款方的交易安全，支付宝、微信支付平台等第三方支付机构推出了亲情账户、找人代付等服务，支持一般用户在一定限额内帮助他人（包括未成年人）完成网上消费行为。

第三方支付的第二步是支付时的身份验证，这一步骤是确认客户同意进行某一具体支付。第三方支付的业务类型主要包括支付账户直接支付和银行端快捷支付。使用账户直接支付业务，用户需要预先在支付机构开立的账户中存入资金，再通过预设密码和动态口令（一般在支付较大金额时）认证后进行支付，支付机构将该笔资金从用户支付机构账户付给收款人，以支付宝余额支付、微信余额支付为典型。银行端快捷支付业务的流程为：通过向支付机构提供用户在开户银行预留的手机号码、银行账号、姓名、身份证号等信息，完成身份核实和注册，用户凭在支付机构的注册信息和支付密码向银行发送支付指令，银行将用户账户中的资金汇入指定账户。用户可在第三方支付机构的支付安全系统设置与支付额度相适应的免密支付、密码支付或验证码、指纹、刷脸等支付方式，验证之后的支付行为即视为客户行为。

综上，经过身份验证的账户发生的网络支付行为，视为支付账户持有人的行为并由其承担法律后果。具体到未成年人经过身份验证后的网络支付行为，应根据其民事行为能力确认行为的法律效果。

（二）未成年人网络支付行为能力及行为法律效力

网络支付是常见的民事法律行为，未成年人也有接受网络服务的权利和进行支付的需要。下面根据《中华人民共和国民法典》（以下简称《民法典》）的有关规定，对未成年人网络支付的行为能力及行为法律效力加以理论分析，设定的前提也限于未成年人以自己名义从其名下的支付账户进行支付的情形，即未成年人登录自己在商家平台的消费账户，并通过自己名下的支付账户进行消费的支付行为。

1. 无民事行为能力的未成年人的网络支付行为无效

根据《民法典》第20条、第21条第2款，无民事行为能力的未成年人包括：（1）八周岁以下的未成年人；（2）八周岁以上不能辨认自己行为的未成年人。无民事行为能力人，只能由法定代理人[①]代理实施民事法律行为。根据《民法典》第144条规定，无行为能力人实施的民事法律行为无效，其网络支付行为当然也是无效的。

在实名认证的网络支付规则下，基本不存在无民

[①] 根据《民法典》第23条、第27条规定，无民事行为能力人和限制民事行为能力人的监护人是其法定代理人。未成年人的监护人为父母；父母死亡或没有监护能力的，确认监护人的次序为：祖父母、外祖父母——（具备完全民事行为能力的）兄、姐——其他愿意担任监护人的个人或者组织（需经未成年人住所地的居民委员会、村民委员会或者民政部门同意）。

事行为能力的未成年人进行网络支付的空间。首先，监护人代理开通电子银行业务的，网络支付验证信息由监护人掌握，无行为能力人无法进行网络支付；其次，第三方支付平台要么不允许无民事行为能力的未成年人进行身份验证，进而限制了该客户账户的支付功能，如支付宝；要么虽不限制开户年龄，但支付功能的开通需要绑定银行卡信息，如微信支付，在该未成年人不掌握银行卡验证信息的情况下，难以完成支付行为。至于监护人代理绑定银行卡的行为，并非无行为能力人本人行为，而是监护人的代理行为，应另做分析。

2. 限制民事行为能力的未成年人，可以实施部分网络支付行为

（1）限制民事行为能力人的可以独立实施与其年龄、智力相适应的网络支付行为

八周岁以上的未成年人（完全不能辨认自己行为者除外）为限制民事行为能力人，可以有限制地从事一定民事法律行为。根据《民法典》第19条、第145条之规定，有效的民事法律行为包括：一是纯获利益的民事法律行为；二是与其年龄、智力相适应的民事法律行为。未成年人支付不涉及纯获利益的问题，在此不予讨论。网络支付行为与未成年人年龄、智力是否相适应是一个需要在个案中综合判断的问题：经过该未成年人实名认证的支付账户发生的支付行为，如果支付原因、数额、次数等与其年龄、智力情况相适

应，或者与其家庭消费习惯相符，应属可以独立实施的民事法律行为，例如购买适当的学习用品、日常生活消费品等。

（2）限制行为能力的未成年人不能独立实施的网络支付行为，经法定代理人代理或者经其法定代理人同意、追认后有效

根据常理和经验，限制行为能力的未成年人不能独立进行的网络支付包括：数额较大、支付原因不适宜（定价不公平、所购物品或服务内容不适合未成年人）等。如果属于不能独立实施的民事法律行为，但是花费出自监护人为其办理并储值的个人银行卡，可适用法定代理人事先同意规则；如果支付时由监护人操作、帮助（如提升支付权限后操作支付）的，应适用代理规则；相对人催告法定代理人追认未成年人支付行为效力的，法定代理人在一个月内可以追认该行为效力，未作表示的，视为拒绝追认。

3. 具备完全民事行为能力的未成年人，可以独立实施民事法律行为

一般地，未成年人不具备完全的民事行为能力，只有一种情况例外：根据《民法典》第18条第2款规定，16周岁以上18周岁以下的未成年人，以自己的劳动收入为主要生活来源的，视为完全民事行为能力人。拟制为完全民事行为能力人的未成年人的网络支付行为具有法律效力。

（三）未成年人网络支付行为的风险

相较于成年人网络支付，未成年人网络支付的风险更大，未成年人沉迷网络、大额支付不但会给家庭造成财产损失，还容易接触到不良信息、影响其身心健康发展。

1. 沉迷网络综艺、游戏消费，影响未成年人身心健康

近年来，未成年人沉迷网络综艺、直播、游戏，过度"氪金"[1] 消费的问题非常严重。这种状况除了给家庭造成相当的金钱损失、不利于培养未成年人正确的消费观，更大的危害是严重影响未成年人的正常生活学习、损害其身心健康。导致未成年人过度"氪金"的原因，除了家长监护不力之外，还在于商家其实并没有识别未成年消费者的意愿和能力。

即便中国法律特别要求网络游戏运营企业和网络视频平台进行用户实人认证，[2] 但大部分企业客观上缺乏识别身份证件信息真实性的资质和能力，或者采取

---

[1] "氪金"一语源自日文"课金"，指支付费用，现特指在网络游戏中的充值行为。

[2] 根据《网络游戏管理暂行办法（2017 版）》，实人认证是网游运营企业的强制性义务。2019 年 10 月 25 日，国家新闻出版署发布《关于防治未成年人沉迷网络游戏的通知》（以下简称《防沉迷通知》），从实名制、时间管理以及限制大额消费等方面作出了具体规定。中国网络视听节目服务协会于 2019 年 1 月发布的《网络视频平台管理规范》也明确提出要求网络视频平台采用"用户画像、人脸识别、指纹识别等"信息技术来落实账户实名制的要求。

的识别方法有道德或法律风险而备受争议。很多企业对用户身份识别只是走形式，未成年人既可以通过虚假信息注册消费商户，也可以利用家长等成年人身份信息注册消费账户。不能真正识别玩家的身份，对未成年人的游戏时段、时长、内容的合理规制就难以真正落实。个别企业（比如腾讯和阿里）具备相应的认证资质，尝试通过人脸识别技术确认游戏消费账户注册人身份，但是对人脸等生物信息的收集具有伦理道德上的争议以及信息泄露的危险，其推广和普及存在较大争议。

2. 未成年人身份不易确认，大额支付难以追回

近年来，未成年人花费巨款为网络游戏充值、打赏主播引起纠纷的案例屡见不鲜，在商家拒绝退款的情况下，各地法院受理了不少请求确认未成年人网络支付行为无效、返还钱款的案件。这些纠纷的争议点主要有两个：一是支付行为人的身份认定问题，二是支付与年龄、智力是否相适应的问题。

（1）未成年人身份的确认难题

本篇第二部分的理论分析是基于行为人以自己名义从自己的支付账户付款的前提进行的，故不存在身份认定的争议，只要未成年人登录自己在商家平台的实名认证的"消费账户"，并通过自己名下的支付账户进行消费，就认定为未成年人的支付行为。实践中确认支付人身份的证明难度大往往在于原告主张未成年人登录了监护人等成年人的消费账户，以该成年人名义进行了支付；或者未成年人登录自己的消费账户，以监护人等成年人的支付账户进行了支付。网络支付人的身份是透过支付账户的持有人信息来推定的，一旦钱款出自成年人的支付账户，则很难证明行为是未成年人实施的。

（2）支付行为与年龄、智力是否适应的问题

与支付人身份确认相比，支付与年龄、智力是否相适应的争点作为第二序位的证明问题就显得容易应对得多了。一旦确认支付人系未成年人，一般理性人都可以根据日常生活经验对此做出合理判断。例如在张某与广州爱九游信息技术有限公司网络服务合同纠纷一案中，法院认定2006年出生的张某实施了网络支付行为，张某主张的充值金额为每次3—328元不等，总额为810元。并认为案发时张某为12周岁，"考虑到充值时张某的年龄、教育经历和其所处地区的消费水平，张某应能够理解其为游戏角色充值的行为和相应的后果，该充值行为与其年龄和智力相适应"，故根据《民法典》第19条规定，该充值行为属于其依法可以独立实施的行为，因而有效。[①]

（四）未成年人网络支付风险的防范

未成年人网络支付风险的防范，既要求国家、社会各方主体综合治理、依法行事、依法担责，也要合理平衡各方主体的利益。未成年人不当的网络支付可

[①] 见广州互联网法院（2019）粤0192民初1726号民事判决书。

能给其家庭造成财产损失、损害其身心健康。防范上述风险,是机关、政党、支付平台、商家、法定代理人及学校等教育机构等主体的共同责任。

(1) 政府部门完善相关监管职能

第一,完善相关法规建设,明确相关主体义务、责任。《未成年人网络保护条例(征求意见稿)》在行业监管、信息触达、防沉迷等方面制定了有效措施。还需进一步深化部门协同,健全监管制度,对未履行审核义务的企业依法高限处罚。

第二,加强对网络信息内容的管理。一是加强整体网络信息生态环境的治理,鼓励平台开发未成年人模式;二是探索网络信息内容分级制度,既保护未成年人免受不宜接触的信息的影响,也能保护创作者的思想自由以及促使生产经营者有效开发产品、将作品快速商业化,诸如游戏分级等文化出版物的分级管理势在必行。

第三,支持和推动实人认证技术安全建设。除了支持支付平台的实人认证技术发展、更新之外,还应当支持从事特殊行业的网络商家的实人认证或未成年人识别技术的开发。如何开发既能准确识别用户年龄,又能保证其隐私权不被侵害,需要企业和政府共同合作、科学合法地进行,政府对相关行业对用户年龄认证和身份识别系统软件的开发应给予政策和资金支持。

(2) 支付平台提升实人认证技术,保障支付安全

支付平台除了提升技术水平,有效防病毒、防黑客外,还应当提供更安全可靠的身份验证和支付授权

方式，尤其对大额、多笔、异常支付等进行标记、提示、提高审核标准，除了提供密码、令牌、动态口令、安全证书、手机校验码等具体技术手段，还可以由用户自愿选择通过开展指纹、人脸等生物特征身份认证技术手段识别是否为用户本人的真实性交易操作，防控盗用、冒用、虚假他人账户进行支付的风险。

未成年人有权拥有个人的财务账户，当支付平台出现利用未成年人身份信息注册财务账户时，支付平台应当要求监护人主导注册程序、严格审核该未成年人的身份信息、将未成年人支付风险以显著、必要形式进行提示，并要求监护人划定这类账户的支付额度、严格支付验证要求等，同时鼓励监护人开通亲情账户功能以便管控未成年人的支付行为。

为了在支付纠纷发生后，能有效追溯交易过程、查明事实，支付平台应严格落实《非银行支付机构网络支付业务管理办法》的要求，确保交易信息的真实性、完整性、可追溯性以及在支付全流程中的一致性，不得篡改或者隐匿交易信息。支付平台应当通过技术手段记录交易过程，包括支付账户所绑定手机的归属；支付账户注册的信息；登录IP地点的信息；支付终端（手机的型号IMIE识别码）信息；登录持续时间、消费频次等，并可进一步通过大数据分析与人工智能技术对疑似风险进行监控和预警。

（3）商家加强对商服内容和消费账户的管理

一方面，商家尤其是社交平台、网综、游戏平台等应当加强商品服务内容的管理以尽保护未成年人权益之责任。2020年3月1日起施行的《网络信息内容生态治理规定》要求网络信息内容生产者防范和抵制制作、复制、发布可能引发未成年人模仿不安全行为和违反社会公德行为、诱导不良嗜好等不良信息；要求网络信息内容服务平台制定本平台网络信息内容生态治理细则、加强信息内容的管理，提供适合未成年人使用的网络产品和服务，便利未成年人获取有益身心健康的信息。目前，诸多社交、短视频平台都推出了青少年模式，在家长的监护下，平台会向未成年人推送适合其身心发展的信息内容，避免未成年人接触不利于其身心健康发展、不符合年龄智力的商品、服务并限制上网时长和打赏、充值、提现、直播等功能；近年来，防止未成年人沉迷网络游戏的立法正在筹备之中，游戏相关主体也在积极推动游戏分级，商家应支持、配合建立网络产品分类制度，制定详细的用户指引和警示说明，在醒目位置提示该产品适合的年龄段，以禁止未成年人接触不适宜的网络内容。

另一方面，商家应积极开发年龄认证和识别系统软件，识别用户年龄并据以设置账户的权限、支付额度。网络游戏运营企业、网络视频平台应积极研发年龄认证和识别系统软件，第一要保证能识别注册人提供的身份信息的真实性；第二要确保识别出注册人是否未成年人及其年龄，一旦能够识别出消费用户使用人为未成年人，商家应要求监护人参与注册程序，对网络支付风险进行必要提示，并对注册后的未成年人消费账户的消费额度、次数等进行限制。

（4）监护人和教育机构履行监护职责

监护人在未成年人支付的问题上，既要保障未成年人合法的支付需求和消费权利，也要在监管不力的情况下承担未成年人不当支付造成的经济损失。一是监护人应管理好上网设备和支付验证信息，避免未成年人利用监护人的支付账户和消费账户进行不当支付；二是了解、尊重未成年人的消费需求，对合理的需求予以满足，对不合理的需求，进行说理、教育，避免未成年人采取激进、非法手段进行消费；三是合理引导未成年人进行理性消费、培养其正确的消费观和理财能力。发现未成年人偷用成人消费账户和支付账户进行消费的，及时收集、保存手机银行流水单、电子交易记录、聊天记录、证言等证据，及时与商家、支付平台协商解决，或向商家注册地的工商部门、消保部门等寻求帮助，解决不成的可以向法院提起诉讼。

学校等教育机构对未成年人支付风险也有防范义务，主要体现在对未成年人携带的电子设备的管理上。未成年人经常会携带手机等电子设备上学，一方面，家长希望能够和在校期间的子女进行联络；另一方面，学校等教育机构认为未成年人在学校使用手机等电子设备会严重影响学习和学生的身心健康。学校有对学生进行教育管理的法定职能，可以限制学生在学校履行教育职能时（主要是上课期间）使用手机等电子设备，对有关设备集中保管。

综上，家庭教育和监管是保护未成年人合法权益的第一道防线，监护人永远是未成年人健康成长的守护者和第一责任人。在防范未成年人支付风险问题上，政府、社会团体、企事业组织、未成年人的监护人和其他成年人都有责任作出承诺和努力。

七 未成年人网络欺凌问题治理研究

李静 代琦*

互联网时代,未成年人的学习、社交领域从线下扩展到线上,尤其是后疫情时代,未成年人对网络生活的依赖将越来越强化,我们既不能将未成年人排斥在数字权利之外,也要保护好其线上线下的合法权益。近年来,未成年人网络欺凌问题逐渐呈多发趋势,严重影响未成年人的身心健康,迫切需要对此加强治理。

(一)未成年人网络欺凌的严峻性

网络欺凌(cyber-bullying)是网络时代的新兴产物,属于欺凌行为的一个子集,美国"全国预防犯罪委员会"(National Crime Prevention Council)将其定义为:将互联网、手机或其他设备用于发送或张贴文字或图像等有意伤害他人使人难堪的行为。[①] 2020年10月17日修正的《未成年人保护法》第77条将未成年

---

* 李静,中国社会科学院大学法学院副教授。代琦,中国社会科学院大学互联网法治研究中心研究助理。

① National Crime Prevention Council (U.S.), "What is cyber bullying", https://www.ncpc.org/resources/cyberbullying/what-is-cyberbullying/,2021年5月22日访问。

人网络欺凌定义为"通过网络以文字、图片、音频等形式,对未成年人实施侮辱、诽谤、威胁或者恶意损害形象"的行为。网络欺凌与传统欺凌相比,具有以下鲜明特征:(1)行为表现以言语欺凌为主——不同于以身体暴力和社交排挤为主的传统欺凌,网络欺凌者通过网络媒介公开或者单独发送骚扰、羞辱、谩骂或者中伤的言论、图像等讯息以使受害者遭受精神痛苦;①(2)欺凌者的匿名性、隐蔽性加剧了双方力量的不对等——虚拟网络空间的加害人言论更偏激和极端,而受害人无法有效反击欺凌行为;(3)行为后果的扩张性——利用技术发布的有关信息进入互联网领域即可被任意复制、迅速扩散,导致欺凌后果持续、扩张且难以消除。而未成年人网络欺凌问题又因其主体的特殊性呈现更严峻的形势。

1. 未成年人网络欺凌的普遍性

一是未成年人网络欺凌的比例高、主体广泛,包括未成年人作为欺凌者、未成年人作为受害人以及未成年人既是欺凌者也是受害人这三种情况。未成年人认知能力不足、人生经验少,容易受到他人施加的网络暴力侵害,也容易受到网络不良行为的诱导而成为网络暴力的实施者。中国共青团、中国社会科学院以及腾讯公司于2018年联合发布的《中国青少年互联网使用及网络安全情况调研报告》(以下简称2018

---

① 参见吴亮《学生网络欺凌的法律规制:美国经验》,载《比较教育研究》2018年第10期。

《调研报告》）则指出有71%的青少年遭遇过网络欺凌。①

二是未成年人网络欺凌渠道广泛，欺凌形式多样化。共青团中央维护青少年权益部、中国互联网络信息中心（CNNIC）于2021年7月20日联合发布的《2020年全国未成年人互联网使用情况研究报告》②（以下简称《2020研究报告》）和2018《调研报告》均显示未成年人网络欺凌的主要场景是各种网络社交平台，欺凌的主要形式为发布文字，其他形式包括发布恶意图片或动态图等。这些行为指向某个未成年受害人，表达了恐吓性的、侮辱性的、嘲讽性的、泄露隐私的意志，令其感到精神痛苦。

三是未成年人网络欺凌存在线上线下欺凌相互转化和扩张。网络时代的人类交往冲破了工业社会交往的限度，微信、QQ、抖音、微博这些最受欢迎的社交平台也是未成年人使用频率最高的线上平台。由此，传统的校园欺凌行为可能会发展为网上欺凌，欺凌影响不再限于熟人和校园生活而是扩张至整个网络世界；网上欺凌也可能经由"人肉"发展为线下欺凌，加重对受害人现实世界和身体健康的入侵。

---

① 共青团中央维护青少年权益部、中国社会科学院社会学研究所、腾讯公司：《中国青少年互联网使用及网络安全情况调研报告》，http://www.199it.com/archives/731753.html，2021年5月22日访问。

② 该《报告》是基于对全国31个省（自治区、直辖市）的小学、初中、高中及中等职业学校34661名学生的抽样调查而分析形成的。

2. 未成年人网络欺凌的极端性

一是欺凌行为极端。互联网世界可以隐藏人的性别、身份、年龄，这种隐匿性放大了"自由"而弱化了道德与法律对欺凌者的约束；欺凌者不能直观感受到受害人的痛苦，因而不关心后果、减少了对负面行为的抑制。未成年欺凌者社会经验少、共情能力弱，实施的网络欺凌更易极端化。

二是损害结果致命。网络欺凌主要损害受害人的名誉权、隐私权等并进而危及受害人的健康权、生命权。很多未成年人无法与学校、家长有效沟通，遇到欺凌不懂得求助。在对网络欺凌的应对方面，2018《调研报告》显示：选择告诉父母老师或其他亲友的未成年人不足一成，选择报警的比例仅为6.23%；《2020研究报告》显示，中国有74.1%的未成年网民知道可以通过互联网对不法行为维权或举报，但大部分未成年人都选择消极应对。被欺凌者得不到必要的支持和保护，轻则影响身心健康，重则造成终身难以磨灭的损伤甚至毁灭性后果。2013年12月3日，广东省汕尾市陆丰县一名女高中生琪琪因被商店店主怀疑盗窃，将关于她的监控录像截图发布到网上"求人肉"，琪琪的个人信息很快被曝光，不堪忍受网民的辱骂和熟人的指指点点而跳河自杀，生命终结在花季，令人扼腕叹息。

对未成年欺凌者而言，如果行为不能得到及时矫正，也意味着极大的危害。欺凌行为是一种不良的社会行为，加害行为不能被及时有效地纠正、惩治，未成年行为人很难形成正确的公民责任意识、会偏离健康人生轨道，甚至走上严重违法、犯罪的道路。

（二）未成年人网络欺凌的治理现状

根据行为地，未成年人网络欺凌行为可以分为三种形式：在校园内用学校的上网设备实施的网络欺凌、在校园内用自己的（手机、电脑等）设备实施的网络欺凌、在校外实施的网络欺凌。根据主体的差异，未成年人网络欺凌的治理实际上应该分为两个课题，即未成年人作为欺凌者的网络欺凌与未成年人作为受害者的网络欺凌。前者一般通过对校园欺凌惩戒权的扩张来治理，一些国家较为完善的校园欺凌治理体系值得借鉴；后者实质上是网络欺凌的一个子课题，各国的研究都还在探索阶段。

1. 中国未成年人网络欺凌的治理现状
（1）未成年人网络欺凌的研究现状

一是调查数据不够全面和可靠。对未成年人网络欺凌的治理需建立在持续全面准确的调研数据基础之上，并有针对性地展开方法、对策研究。目前的有关调研数据的全面性、调研方法的科学性还有待提高：在调研主体方面，官方机构、民间机构、个人都有参与；在调研内容方面，调查对象不统一、① 缺少对未成

---

① 比如2018《调研报告》调查主要覆盖年龄13—18岁的青少年；而《2019研究报告》及之后才面向小学、初中、高中及职业学校学生。

年人欺凌者的调查①以及区分地域、群体的调查；在调研方法上，不完全符合科学性；在结论可靠性方面，由于调查方法和统计口径不一致，关于未成年人遭受网络欺凌的概率方面的数据出入较大。

二是对策研究缺乏具体化举措。我们可以查找到许多关于未成年人网络欺凌治理的研究与建议，而对策研究则大多停留在域外经验的介绍、原则性呼吁的层面，未能具体化、实行化。有效的治理应从两个角度展开——欺凌者的行为矫正及受害人的权利保护、救济；治理的场景要多关注网络平台和校园治理；治理的过程应保证多主体全方位长效进行。

（2）未成年人网络欺凌的防治现状

一是以立法和政策形式提出了对未成年人网络欺凌综合治理原则，但各主体的具体职责、义务有待明确和实践深化。2017年12月，教育部等11部门联合出台了《加强中小学生欺凌综合治理方案》（以下简称《治理方案》），树立了治理校园欺凌的基本原则，并且要求建立多部门合作的、长效的校园欺凌治理体系。2016年10月，原国务院法制办公室发布的《未成年人网络保护条例（送审稿）》、修正后的《未成年人保护法》增加的"网络保护"专章、《预防未成年人犯罪法》等均确定了监护人或学校、政府部门、有

---

① 比较少见的对欺凌者进行调查分析的报告是2016年12月14日，广州市青年文化宫、香港游乐场协会、澳门街坊会联合总会联合发布的《青少年网络欺凌调查报告》，其中的《广州分报告》指出，欺凌实施人占比前三位的是陌生人（39.8%）、学校某人（25.3%）、网上认识的人（21.7%）；欺凌者实施欺凌的目的中，认为有趣的占36.4%、发泄愤怒的占27.3%、认为对方应得的占23.6%。

关团体、基层组织等主体对防范未成年人不良行为、保护未成年人网络权利（包括防止网络欺凌）进行综合治理的责任体系。2019年国家互联网信息办公室先后发布《儿童个人信息网络保护规定》《网络信息内容生态治理规定》等文件，明确了网络运营者对儿童个人信息安全管理的主体责任和网络信息内容服务平台对本平台信息内容管理的主体责任，并加强网信部门对网络运营商和网络信息内容服务平台是否切实履行主体责任的监管职责。

二是现行立法针对未成年人网络欺凌行为形成了基本的法律责任体系，但责任方式单一、救济效果不理想。现有法律责任体系包括程序和实体两方面：在程序保护措施方面，受欺凌者可以申请法院作出行为保全的裁定以及时制止侵害；在实体法责任体系方面，遭受网络欺凌的未成年人及其父母或者其他监护人有权通知网络服务提供者采取必要措施制止网络欺凌行为、防止信息扩散；行为人可能承担侵犯名誉权、肖像权等侵权责任，网络服务提供者也可能对网络用户的行为承担间接侵权责任。网络侵权行为严重的，还可能构成侮辱、诽谤、伤害罪等犯罪。以上法律责任体系的规定多是事后救济，且证明责任完成难度高、责任承担方式也比较单一，往往不足以救济受害人和矫正欺凌行为。

三是网络社交平台有一些针对欺凌的自治规则，但缺乏权威、统一的认定标准，投诉、举报系统的反应不足。知乎、抖音、微博等平台相继颁布过社区自治公约，多少对于用户的行为作出了一些正面的引导。除此之外，各网络平台也都有各自针对恶意关键词的屏蔽制度、对于恶意评论的举报制度以及对于涉及不实信息的"通知—删除"规则等相关措施。这些措施对于互联网治理起到了一定的作用，但是一方面，各方主体各自为政，缺乏有效的合作和统一标准；另一方面，在治理网络欺凌时要注意权利冲突的问题，完全由互联网平台自主决定用户的言论自由与隐私权的权限似乎缺少法律上的正当性。

2. 域外未成年人欺凌的治理经验

（1）重视调查研究，建立定期反馈机制

只有对实际情况有充分的了解才能够因地制宜，在治理欺凌问题上卓有成效的国家都定期对全国中小学的校园欺凌现象进行调查研究并在此基础上发布一系列报告和制定相应的对策，比如日本在校园欺凌的数据收集、统计和整理上的工作持续了三十多年；[1] 挪威的多个校园欺凌项目是在项目组成员的深入调研、反复试验的基础上不断改进和完善的。

（2）强化宣传教育，完善学校课程建设

欺凌行为被认为是跟人们的认知失调有关，因此多个国家都针对欺凌制定了相关的教育宣传方案，并要求学校实施落实。瑞典在20世纪80年代就将预防欺凌纳入了学校的常规课程；德国将"善良教育"提

---

[1] 曹燕：《国外校园欺凌防止政策的共同特征及启示》，载《外国教育研究》2018年第8期。

前到幼儿园阶段开展；新加坡则在"公民与品格教育"课程中纳入了学生在遇到校园欺凌时如何寻求帮助、汇报情况及帮助他人等要点。① 为帮助未成年人辨别网络空间中个人信息与公共信息之间的界限、防止权利侵害，美国的《校园安全法》和《学校及家庭网络教育法》均要求，学校对未成年人安全使用网络承担教育义务，这一义务的落实可以使学校在未来可能的争讼中主张减轻责任。

（3）重视家庭责任，惩罚监护不力行为

对未成年人，家庭是最好的保护者和管教者，在欺凌治理的成功经验中自然不该缺少家庭治理的内容。而家庭责任也不应局限于经济责任，更应该包括管教责任。在这方面，英国的"教养令"制度很有借鉴价值：如学生因欺凌等偏差行为被永久停学或在一年内被定期停学两次以上时，地方教育行政部门（Local Education Administration）或学校可以向法院申请对其家长发出"教养令"，要求家长共同担负起改善子女行为的责任。"教养令"要求家长参加教育辅导课程，并配合学校的特定教育要求，改善学生行为。被停学学生的家长必须确保其子女在学校上课时间不得出现在公共场所。若家长违反"教养令"，学校可以向治安法院申请对其进行处以罚金。②

---

① 驻新加坡使馆教育处：《新加坡：纪律当头，对校园暴力零容忍》，载《人民教育》2016 年第 11 期。
② 参见林斌《英国防治校园霸凌法制之研究：教育理论之观点》，载《教育经营与管理研究集刊》2013 年第 9 期。

(4) 确立识别标准，推动各方及时介入

法律上的网络欺凌经由司法得以明确识别标准，可以为各责任主体采取行动及时阻断、惩治欺凌行为和保护、救助被欺凌者提供判断标准。识别网络欺凌主要看行为人主观意图、采取的手段和造成的损害。首先，行为人发布信息是通过电子手段，包括任何依赖电子技术接受信息服务的设备，如电子邮件、即时通、博客、网站、电话和电信等。这一点比较容易确认。其次，行为人意图伤害他人，如美国于2009年4月出台《梅根·梅尔网络欺凌预防法》（*Megan Meier Cyberbullying Prevention Act*）定义的"出于强迫、恐吓、骚扰他人或对他人造成实质情绪困扰的目的而使用电子手段传播的严重、重复的恶意行为"。最后，行为给他人造成了损害，可能体现为身体伤害、情感伤害、财产损失和教育损害等。

很多国家强调学校等机构迅速介入未成年人欺凌的治理。美国较早建立了校园欺凌治理体系，并通过一系列州级司法判例明确了学校对于学生不当言论的规制权限，各地的教育委员会通过监控拦截的方式阻止违法或不良言论和信息进入学校网络。加拿大基础教育的校园环境由较为完备的校园欺凌预防体系保护。

(5) 加强平台管理，鼓励行业自律合作

目前，多数网络社交软件已经采取了一系列保护未成年人的措施。例如在欧盟发起的2017年网络安全日（Safer Internet Day 2017）①，部分信息通信技术公司、社交媒体公司、非政府组织以及联合国儿童基金会共同建立了"未成年人网络保护联盟"（Alliance to better protect minors online），联盟内的企业同意采取行动遏制网络有害内容、有害行为、有害接触（网络欺凌、性侵害和接触暴力内容），各公司承诺加强合作和分享最佳实践。各社交平台为家长提供监护工具是防沉迷、防欺凌的普遍做法，并不断研发不良信息过滤、举报功能，以屏蔽不当网络发言。

（6）建立专门机构，确保专门长效治理

反欺凌行动需要多方的合作与协调，也需要专门的调查研究与统筹，因此许多国家都为此建立了专门的机构或职能部门。如挪威的全国反欺凌联盟下设欧维斯欺凌预防计划（Olweus Bullying Prevention Program）和零容忍计划（Zero-tolerance Program），力图通过培训提高教师对欺凌行为的识别和处理能力，同时也要求家长主动参与、积极配合。日本也设立了全国统一的反校园欺凌免费求助热线。长期防范校园欺凌的体系可避免出现"运动式治理"，可保证对于校园暴力的高效处理和长期关注。

（三）中国未成年人网络欺凌的治理对策

针对中国未成年人网络欺凌的现状，结合各国经

---

① 欧盟早在 2004 年就注意到网络霸凌现象，决定架构网络安全计划，成立"关注网络安全网"（INSAFE），并发起每年 2 月第 2 个星期二为"网络安全日"（Safer Internet Day），希望唤起社会对网络霸凌问题的关注。

验和部分学者的意见，本篇为中国未成年人网络欺凌问题治理提出如下建议：

1. 立足调查研究，因地制宜确定方案

解决问题的前提是了解问题，未成年人欺凌问题表现在每个省份乃至每个城镇都有其不同的特点，如经济较为落后地区的留守儿童或性别歧视可能会成为欺凌的影响因素，而在沿海城市读书的学生则可能因为外地人的身份而受到欺凌，这些影响因素都应该成为制定有针对性的反欺凌方针的重要依据。除了空间上的针对性，我们还应该依据时间维度，定期对未成年人欺凌问题进行调查。治理网络欺凌必须紧跟技术发展的步伐，定期调查并且调整治理方针。组织科研机构进行相关学术研究也可以深入剖析发生的原因、类型、表现方式，为制定具有可操作性的干预措施奠定基础。

2. 强化宣传教育，防患于未然

欺凌本质上属于青少年人际关系失调现象，是青少年群体中出现了一定程度行为失范的反映，也是部分青少年社会化失效的表现。[1] 应当将网络素养教育纳入国家基础教育课程体系。由学校、社会组织与互联网平台合作开展反欺凌教育，其内容应该包括生命教育、多元化教育、社交与情感技能教育以及网络素养教育。教育青少年敬畏、珍惜自己和他人的生命，有

---

[1] 冯建军：《网络欺凌及其预防教育》，载《教育发展研究》2018年第12期。

助于减少欺凌和暴力行为。多元化教育是对生命教育的补充，能够引导青少年对他人更加包容，减少同学间的排挤现象。社交教育能够帮助受欺凌者更好地融入集体，增强其自信心与自我认知，尽快摆脱被欺凌的处境，培养良好的人际关系；情感教育则旨在使欺凌者能够设身处地去体会被欺凌者的感受，改变欺凌者的心态，使其学会尊重他人、理解他人、体谅他人、宽容他人，学会与他人共同生活。网络素养教育主要引导学生认识网络风险，学习网络素质与道德规范，养成文明上网和安全上网的好习惯。

3. 监督网络社交平台等网络服务提供者履行经营者的注意义务

未成年人遭遇网络欺凌的主要场景是网络社交平台。根据《中华人民共和国民法典》第1194—1197条之规定，社交平台（等网络服务提供者）承担侵权责任有两种原因：一是平台利用网络直接侵权；二是网络用户在平台上实施了侵权行为，平台由于教唆或提供帮助[①]而构成间接侵权。现实中平台承担责任的情形多为对网络用户的行为承担连带责任，本文也将讨论聚焦于此。

首先，法律不要求网络服务提供者对用户发布的信息负有事先全面审查义务，因为网络服务提供者只

---

① 《最高人民法院关于审理侵害信息网络传播权民事纠纷案件适用法律若干问题的规定》（法释〔2012〕20号）第7条根据之前的《侵权责任法》第9条将网络间接侵权行为具体化为教唆与帮助两种类型，之后的司法实践也遵循这一思路。

是提供用户发布消息的管道，并非信息的直接发布者；而且网络平台也没有能力做到对浩如烟海的网络信息进行全面审查。在客观性与合理性的考量之下，社交平台等服务提供者仅被法律要求履行其善良管理人的注意义务，即承担与其经营行业的经验、认知能力相适应的注意义务。社交平台对网络用户欺凌行为承担什么注意义务，取决于社交平台等是否"知道"用户的侵权行为，判断的因素包括提供的服务性质、管理信息的能力、是否直接获取经济利益、侵权的风险程度、发现侵权信息的可能等因素。

其次，网络服务提供者收到侵权通知时负有进行反应的被动注意义务。网络服务提供者在收到权利人的关于网络用户侵权的合格通知后，负有采取删除等必要措施的义务。该注意义务包括"通知—删除"规则和"反通知"规则。[①] 如果社交平台没有积极作为，应当就损害扩大的部分与该网络用户承担连带责任。

社交平台应加强企业自治和行业合作，开发"多重机器过滤"+"人工审核"相结合的网络信息内容把关机制，政府有关部门应对平台的网络环境治理提出要求和严格监管。

4. 建立全面、长效的基础治理系统

建立全面、长效的基础治理系统是治理欺凌问题的基本要求。结合各国经验与《治理方案》，一个完

---

① 之前的《侵权责任法》第 36 条只规定了"通知—删除"规则，而《民法典》第 1196 条补充了"反通知"这一平衡相关主体权益的规则。

整的校园欺凌治理体系应当包括以下几点：

（1）欺凌行为预防机制

治理欺凌问题的最好办法是防患于未然，因此其治理体系应当以预防为主，惩戒与救济为辅。《加强中小学生欺凌综合治理方案》曾提出切实加强教育、组织开展家长培训、严格学校日常管理、定期开展排查四项措施作为校园欺凌的预防手段。如果这几项要求能够被切实执行的话，相信会对欺凌行为的预防起到相当大的作用。必须强调的是，在预防欺凌的责任主体中，不应忽视家庭的监护责任。

（2）欺凌行为处理机制

当预防失效，出现了欺凌行为时，应当要有及时、高效的应对机制对其进行处理。在欺凌行为治理上较有成效的各国均在学校与政府层面都建立了专门的处理机构，能够及时处理学生的报告、开展调查、为报告者的信息保密、为受害者提供及时的心理辅导等。当然，处理问题的难点在于发现问题，鼓励并指导学生报告问题是十分重要的一步。所有与未成年人有密切接触的机构及其工作人员发现未成年人受侵害的，应立即向公安机关报告。

（3）欺凌行为惩戒机制

对于核查属实的校园欺凌行为，学校应当在其权限内进行处罚。《治理方案》提出，对于情节轻微的欺凌行为，由学校进行批评教育；情节恶劣的，学校可以申请公安部门协助；情节特别恶劣的，可以申请将学生转入工读学校。未来还应该对矫治方案做更多探索。我们可以在完善原有工读教育的基础上，参考英国"教养令"制度和菲律宾的"社区矫正"①制度。对于行为严重失范的学生，可以对其进行学校教育、家庭教育、社区教育三管齐下，共同矫正。此外，我们还可以要求欺凌者接受强制性的心理辅导，帮助更好的矫正其偏差行为。

（4）受害者抚慰机制

受害者的抚慰机制至少应当包括对受害者的心理咨询和帮助、对受害者寻求法律救济的指导以及长期的抚慰和反馈。中国目前对于网络欺凌问题的关注点还比较集中于对加害者的惩罚上，在受害者救济方面有所忽视。

（5）反馈评价机制

对于建立好的反欺凌体系，我们应当定期反馈，及时调整，一方面纠正以往的不足，另一方面应对新的挑战。

总之，针对未成年人网络欺凌问题治理，我们首先应该建立并完善系统长效的应对校园欺凌的专门治理体系，设立专门的职能部门，团结各方力量共同治理欺凌问题；其次应该针对网络欺凌的特点，在预防问题、发现问题、解决问题的各阶段进行对策研究。

---

① 菲律宾《教育部儿童保护政策》规定："根据学校已有的或教育部的规章制度对侵犯者实施合理的纪律处分，包括书面警告、社区服务、停课、隔离或开除等。"详见任海涛《我国校园欺凌法治体系的反思与重构———兼评11部门〈加强中小学生欺凌综合治理方案〉》，载《东方法学》2009年第1期。

参考文献

DPO 社群：《英国 ICO｜〈儿童适龄设计准则：在线服务实业准则〉全文翻译之二》，2020 年 11 月 16 日，载微信公众号"网安寻路人"，2022 年 2 月 8 日。

《公民权利和政治权利国际公约》第 6 条。

《关于进一步深化文化市场综合执法改革的意见》，国务院办公厅 2016 年 4 月 4 日发布。

《即时通讯工具公众信息服务发展管理暂行规定》第七条、《互联网用户账号名称管理规定》第五条等。

《立足青少年成长 构建全面防沉迷协作系统》，载国家互联网信息办公室微信公众号"网信中国"，2019 年 5 月 28 日。

《网络信息内容生态治理规定》第三十三条。

《网络信息内容生态治理规定》第三十条。

《中华人民共和国网络安全法》第四十七条。

《中华人民共和国未成年人保护法》第 68 条、第 70 条、第 71 条、第 72 条、第 73 条、第 74 条、第 76 条。

《中华人民共和国未成年人保护法》第八十条。

《中华人民共和国未成年人保护法》第七十九条。

北京青少年法律援助与研究中心：《中国未成年人网络保护法律政策研究报告》，2019年8月。

蔡连玉：《儿童网络伤害及其保护研究：中美比较的视角》，《电化教育研究》2010年第4期。

白净、赵莲：《中美儿童网络隐私保护研究》，《新闻界》2014年第4期。

曹燕：《国外校园欺凌防止政策的共同特征及启示》，载《外国教育研究》2018年第8期。

陈景辉：《比例原则的普遍化与基本权利的性质》，《中国法学》2017年第5期。

成尚荣：《儿童研究视角的坚守、调整与发展走向》，《教育研究》2017年第12期。

单勇：《未成年人数据权利保护与被害预防研究——以美国〈儿童在线隐私保护法〉为例》，《河南社会科学》2019年第11期。

邓小兵、刘晓思：《中英网络治理的行业自律比较研究》，《甘肃行政学院学报》2017年第5期。

丁海东：《童年：一种精神与文化的价值》，《中国教师》2012年6月刊。

杜晓、叶子悦：《青少年沉迷网络短视频危害大平台试点上线防沉迷系统》，《法制日报》2019年4月28日第4版。

冯建军：《网络欺凌及其预防教育》，《教育发展研究》2018年第12期。

高文珺：《基于青年视角的网络直播：参与的盛宴，多元的融合》,《中国青年研究》2019年第4期。

高英彤、王在亮:《美国对青少年参与网络游戏的监管经验探析——以教育为视角》,《社会科学战线》2012年第1期。

共青团中央维护青少年权益部、中国互联网信息中心（CNNIC）：《2019年全国未成年人互联网使用情况研究报告》,2020年5月,第39—40页。

郭美婷、张晓凤：《全球平台经济再迎强监管！澳大利亚〈在线隐私保护法案〉呼之欲出》,2021年11月8日,载微信公众号"21世纪经济报道",2022年2月8日。

韩丹东：《网络短视频管理新规发布行业或将面临重新调整》,《法制日报》2019年1月14日第4版。

韩晶晶：《保护儿童网络安全：国际社会在做什么》,《中国妇女报》2016年5月19日,第B02版。

黄晓林、张亚男、吴以源：《共同打造儿童数字未来——欧美儿童数据保护对我国的借鉴》,载《信息安全与通信保密》2018年第8期。

季为民、沈杰：《青少年蓝皮书：中国未成年人互联网运用报告（2019）》,社会科学文献出版社2019年版。

季为民、沈杰：《青少年蓝皮书：中国未成年人互联网运用报告（2020）》,社会科学文献出版社2020年版。

季为民、沈杰：《青少年蓝皮书：中国未成年人互联网运用报告（2021）》,社会科学文献出版社2021

年版。

季为民、沈杰：《青少年蓝皮书：中国未成年人互联网运用和阅读实践报告（2017—2018）》，社会科学文献出版社2018年版。

蒋红珍：《论适当性原则——引入立法事实的类型化审查强度理论》，《中国法学》2010年第3期。

蒋月娥：《健全面向家庭的社区儿童保护网络》，《妇女研究论丛》2013年第4期。

李爱年、秦赞谨：《网络游戏直播监管困境的法律出路》，《中南大学学报》（社会科学版）2019年第5期。

李爱年、秦赞谨：《网络游戏直播监管困境的法律出路》，《中南大学学报》（社会科学版）2019年第5期。

联合国《儿童权利公约》第6条、第16条、第24条、第34条。

联合国儿童权利委员会：《关于在青少年时期落实儿童权利的第20号一般性意见》，2016年12月6日，文件编号：CRC/C/GC/20。

联合国人权理事会：《保护、尊重和救济：工商业与人权框架》，联合国人权理事会第八届会议（2008年4月7日），文件编号：A/HRC/8/5。

林斌：《英国防治校园霸凌法制之研究：教育理论之观点》，载《教育经营与管理研究集刊》2013年第9期。

林于良：《网络直播对青年价值观的影响及应对》，

《中国广播电视学刊》2019年第7期。

刘权：《均衡性原则的具体化》，《法学家》2017年第2期。

刘权：《目的正当性与比例原则的重构》，《中国法学》2014年第4期。

刘亚男：《网络直播发展中得与失引发的思考》，《电影评介》2019年第5期。

路琦等：《2017年我国未成年人犯罪研究报告——基于未成年犯与其他群体的比较研究》，《青少年犯罪问题》2018年第6期。

吕鹏、王明漩：《短视频平台的互联网治理：问题及对策》，《新闻记者》2018年第3期。

吕鹏、王明漩：《短视频平台的互联网治理：问题及对策》，《新闻记者》2018年第3期。

马涛、刘蕊绮：《短视频内容产业发展省思：重构、风险与逻辑悖论》，《现代传播》2019年第11期。

毛占海：《网络直播视域下未成年人权益的保护》，《青年记者》2018年第30期。

南都大数据研究院：《未成年人移动互联网使用现状调研报告》。

南都新业态法治研究中心：《未成年人网络防沉迷监管现状与治理报告》。

彭焕萍、王龙珺：《美国儿童网络隐私保护模式对中国的启示》，载《成都行政学院学报》2015年第2期。

任海涛：《我国校园欺凌法治体系的反思与重构——兼评11部门〈加强中小学生欺凌综合治理方案〉》，

《东方法学》2009 年第 1 期。

沈开举、程雪阳：《比例原则视角下的社会管理创新》，《政法论坛》2012 年第 2 期。

宋姣、夏令蓝：《网络直播的行政规制研究》，《传媒》2019 年第 20 期。

田丰、李夏青：《网络时代青年社会交往的关系类型演进及表现形式》，载《中国青年研究》2021 年第 3 期。

佟丽华：《未成年人网络保护中的身份确认与隐私保护》，《中国青年社会科学》2019 年第 6 期。

王长潇、位聪聪：《乱象与回归：我国网络视频政府规制的现状、特点与发展》，《当代传播》2018 年第 2 期。

王洁：《〈儿童个人信息网络保护规定（征求意见稿）〉评析：与美国 COPPA 对比的视角》，2019 年 6 月 17 日，载微信公众号"网安寻路人"，2019 年 8 月 19 日。

王新鹏：《论我国网络直播监管体制的完善》，《电子政务》2019 年第 4 期。

吴亮：《学生网络欺凌的法律规制：美国经验》，《比较教育研究》2018 年第 10 期。

谢新洲、朱垚颖：《短视频火爆背后的问题分析》，《出版科学》2019 年第 1 期。

许向东：《我国网络直播的发展现状、治理困境及应对策略》，《暨南学报》（哲学社会科学版）2018 年第 3 期。

许向东：《我国网络直播的发展现状、治理困境及应对策略》,《暨南学报》(哲学社会科学版) 2018 年第 3 期。

杨攀:《我国互联网内容分级制度研究》, 载《法律科学》2014 年第 2 期。

姚建龙:《保护的善意与边界——关于完善〈未成年人网络保护条例(送审稿)〉的建议》,《上海法学研究》2019 年第 18 卷。

于雪姣:《"抖音"APP 的内容运营研究》, 兰州大学, 2019 年, 硕士学位论文。

赵国玲:《预防青少年网络被害的教育对策研究——以实证分析为基础》, 北京大学出版社 2010 年版。

郑晓剑:《比例原则在民法上的适用及展开》,《中国法学》2016 年第 2 期。

支振锋:《织密清朗网络空间的规则之网》,《光明日报》2020 年 1 月 9 日, 第 3 版。

中国青少年研究中心:《关于未成年人网络成瘾状况及对策的调查研究》,《中国青年研究》2010 年第 6 期。

中华人民共和国国家互联网信息办公室:《互联网直播服务管理规定》, 2016 年 11 月 4 日发布, 2016 年 12 月 1 日实施。

周雪峰:《未成年人网络保护制度的域外经验与启示》,《北京航空航天大学学报》(社会科学版) 2018 年第 4 期。

驻新加坡使馆教育处:《新加坡: 纪律当头, 对校园暴力零容忍》,《人民教育》2016 年第 11 期。

字节跳动平台责任研究中心:《2019 平台直播自律白

皮书》。

［古希腊］亚里士多德：《政治学》，吴寿彭译，商务印书馆 1983 年版。

［美］亚当·奥尔特：《欲罢不能——刷屏时代如何摆脱行为上瘾》，机械工业出版社 2018 年版。

［以色列］摩西·科恩－埃利亚、易多波·拉特：《比例原则与正当理由文化》，刘权译，《南京大学法律评论》2012 年秋季卷。

［英］鲁道夫·谢弗著，王莉译：《儿童心理学》，电子工业出版社 2010 年版。

2018 年中国司法大数据研究院：《从司法大数据看我国未成年人权益司法保护和未成年人犯罪特点及其预防》，2018 年 6 月 1 日，http://data.court.gov.cn/pages/uploadDetails.html?keyword=从司法大数据看我国未成年人权益司法保护和未成年人犯罪特点及其预防.pdf，2022 年 6 月 17 日。

共青团中央维护青少年权益部、中国互联网络信息中心（CNNIC）：《2019 年全国未成年人互联网使用情况研究报告》，2020 年 5 月 13 日，http://www.cnnic.net.cn/hlwfzyj/hlwxzbg/qsnbg/202005/P020200513370410784435.pdf，2022 年 6 月 17 日。

共青团中央维护青少年权益部、中国互联网络信息中心（CNNIC）：《2020 年全国未成年人互联网使用情况研究报告》，2021 年 7 月 20 日，http://www.cnnic.net.cn/hlwfzyj/hlwxzbg/qsnbg/202107/P020210720571098696248.pdf，2022 年 6 月 17 日。

共青团中央维护青少年权益部、中国社会科学院社会学研究所、腾讯公司：《中国青少年互联网使用及网络安全情况调研报告》，载央广网网站，2020年2月29日，http://tech.cnr.cn/techgd/20180531/t20180531_524253869.shtml，2022年6月17日。

光明日报：《"剑网2019"专项行动成效显著》，载中共中央网络安全和信息化委员会办公室网站，2019年12月28日，http://www.cac.gov.cn/2019-12/28/c_1579070935597031.htm，2022年6月17日。

光明日报：《护苗更育苗——"护苗2019"专项行动综述》，载中共中央网络安全和信息化委员会办公室网站，2019年12月30日，http://www.cac.gov.cn/2019-12/30/c_1579243399501269.htm，2022年6月17日。

联合国儿童基金会网站：《全球每日新增逾17.5万儿童网民 数字世界机遇与风险并存》，2018年2月6日，https://www.unicef.cn/press-releases/more-175000-children-go-online-first-time-every-day-tapping-great-opportunities，2021年5月23日。

人民法院新闻传媒总社：《最高法发布利用互联网侵害未成年人权益典型案例》，载中华人民共和国最高人民法院网站，2018年6月1日，http://courtapp.chinacourt.org/zixun-xiangqing-99632.html，2020年2月17日。

正义网：《强化儿童个人信息网络保护！全国首例未成年人网络保护民事公益诉讼案办结》，2021年3月

17日,https://baijiahao.baidu.com/s? id = 1694442695782315026&wfr = spider&for = pc,2021年5月24日。

中国妇女报:《全国政协委员丁洁建议:尽快出台未成年人网络保护条例》,2021年3月8日,https://mp.weixin.qq.com/s/QN-wmYxjTk7F0ZgtFZ5O_g,2021年5月23日。

中国互联网络信息中心（CNNIC）:《2008—2009中国互联网研究报告系列之"中国青少年上网行为调查报告"》,2009年1月16日,http://www.cnnic.net.cn/hlwfzyj/hlwxzbg/200906/P020120709345334693842.pdf,2022年6月17日。

中国互联网络信息中心（CNNIC）:《2013年中国青少年上网行为调查报告》,2014年6月11日,http://www.cnnic.net.cn/hlwfzyj/hlwxzbg/qsnbg/201406/P020140611557842544454.pdf,2022年6月17日。

中国互联网络信息中心:《第47次中国互联网络发展状况统计报告》,2021年2月3日,http://www.cnnic.net.cn/hlwfzyj/hlwxzbg/hlwtjbg/202102/P020210203334633480104.pdf,2021年5月25日。

中国青少年研究中心:《中小学生短视频使用特点及其保护》,中国青年网,2020年11月4日,http://news.youth.cn/sh/202011/t20201104_12560088.htm,2021年5月25日。

中国少先队事业发展中心等:《第八次中国未成年人互联网运用状况调查报告》,中国教育网站,2016年1

月 6 日，http://www. edu. cn/zhong_guo_jiao_yu/zong_he/zong_he_news/201601/t20160106_1354669. shtml，2020 年 2 月 25 日。

中国司法大数据研究院：《司法大数据专题报告之网络犯罪特点和趋势（2016.1—2018.12）》，2019 年 11 月，http://data. court. gov. cn/pages/uploadDetails. html? keyword = 司法大数据专题报告之网络犯罪特点和趋势(2016.1—2018.12). pdf，2022 年 6 月 17 日。

最高人民检察院：《全国首例未成年人网络保护民事公益诉讼案办结，强化儿童个人信息网络保护!》，2021 年 3 月 17 日，载最高人民检察院百家号，https://baijiahao. baidu. com/s? id = 1694465019574557100&wfr = spider&for = pc，2022 年 2 月 8 日。

National Crime Prevention Council (U. S.), "What is cyberbullying", [EB/OL] https://www. ncpc. org/resources/cyberbullying/what-is-cyberbullying/.

"Electronic Toy MakerVTech Settles FTC Allegations That it Violated Children's Privacy Law and the FTC Act", Federal Trade Commission of United States, https://www. ftc. gov/news-events/press-releases/2018/01/electronic-toy-maker-vtech-settles-ftc-allegations-it-violated.

"UNITED STATES OF AMERICA, v. MUSICAL. LY, a corporation; and MUSICAL. LY, INC., a corporation", Federal Trade Commission of United States, https://www. ftc. gov/system/files/documents/cases/musical. ly_proposed_order_ecf_2 – 27 – 19. pdf.

林维，中国社会科学院大学党委常委、副校长，中国社会科学院研究生院副院长，二级教授，法学博士，博士生导师，兼任中国社会科学院大学互联网法治研究中心主任、数字中国研究院院长，国务院特殊津贴获得者，并被评为第八届全国十大杰出青年法学家。入选教育部新世纪优秀人才计划、全国百千万优秀人才工程（国家级）等，先后获国家万人计划哲学社会科学领军人才、中宣部文化名家暨"四个一批"人才、中国社科院哲学社会科学领军人才等称号。兼任中国案例法学研究会副会长、中国犯罪学会副会长、中国刑法学研究会常务理事等，曾挂职最高人民法院刑一庭副庭长。先后出版《刑法解释的权力分析》《间接正犯研究》《最高法院如何掌控死刑》等数十部著作，在《中国法学》等发表论文百余篇。

刘晓春，中国社会科学院大学互联网法治研究中心执行主任，法学院讲师，法学博士。主要研究领域为网络法学、知识产权法学。兼任中国案例法学研究会知识产权专业委员会副秘书长、中国知识产权法学研究会理事、中国广告协会法律咨询委员会常务委员、中国网络与信息法学研究会理事等，曾在北京互联网法院挂职交流。就个人信息保护、网络知识产权、数字经济竞争规制等主题在《环球法律评论》等刊物发表论文数十篇。